Inhalt

VI. Gesellschaft

VII. Ordnung

VIII. Staatliche Ordnung

IX. Wirtschaft

Vorwort/Gebrauchsanweisung

Der allgemeine Wortschatz der spanischen Sprache besteht aus über hunderttausend Wörtern, der gebräuchlichste Wortschatz aus etwa 50000 Wörtern. Nicht einmal der Durchschnittsspanier beherrscht diese, und es ist selbstverständlich, daß kein Ausländer je diesen Reichtum bewältigen kann. Zum Glück entscheidet über Sprech- und Sprachkenntnis nicht allein die Fülle der bekannten Wörter, sondern ihre Häufigkeit bei mündlichem und schriftlichem Gebrauch, die *Worthäufigkeit*. Man hat die gesprochene und geschriebene Sprache untersucht und hat dabei — übrigens auch für andere europäische Sprachen — folgendes herausgefunden:

Die *Strukturwörter*, eine kleine Gruppe von 116 Wörtern, machen rund die Hälfte eines jeden Normaltextes mittlerer Schwierigkeit aus: die 10 häufigsten von diesen Wörtern allein rund 25 %. Diese Wörter kennt jeder, der sich ein wenig mit der Sprache beschäftigt hat. Wer nur sie kennt, kann freilich nichts damit anfangen.

Der *Grundwortschatz* umfaßt dagegen etwa 2000 Wörter und Redewendungen. Mit seiner Hilfe kann man einen normalen, d. h. nicht technisch spezialisierten Text zu etwa 85 % erfassen und ein Alltagsgespräch führen.

Der *Aufbauwortschatz* umfaßt nach der Häufigkeit weitere 2500 Wörter und Redewendungen. Mit seiner Hilfe kann man weitere 10 % eines normalen Textes, also insgesamt 90—95 %, verstehen. Wer Grund- und Aufbauwortschatz aktiv und passiv beherrscht, kann sich jederzeit mündlich und schriftlich geläufig ausdrücken.

Es ist nicht sinnvoll, den Wortschatz einer Sprache noch weiter systematisch aufzugliedern. Eine dritte Gruppe von weiteren 2000 bis 2500 Wörtern würde bei der Lektüre eines Normaltextes nur zu einem Gewinn von etwa 2 % führen.

Wer also den Grund- und Aufbauwortschatz beherrscht, wie er in diesem Buch dargeboten wird, kennt den wichtigsten Teil des spanischen Wortschatzes. Wie aber gelangt man zur Beherrschung eines solchen Vokabulars? Jeder Sportler weiß, daß man Höchstleistungen nur durch ständiges Training erreichen kann. Das gilt auch für die Erlernung von Sprachen. Das menschliche Gedächtnis ist ein Wunderwerk, das man systematisch schulen und weiterentwickeln kann. Dabei gilt: Wer täglich nur 15 Minuten regelmäßig arbeitet, wird viel mehr lernen, als derjenige, der nur einmal in der Woche, etwa am Wochenende, zwei Stunden an diese Arbeit wendet.

Das erste Gebot heißt also: Regelmäßigkeit. Das zweite, ebenso wichtige Gebot heißt: Ausdauer. Wer seine regelmäßige Arbeit

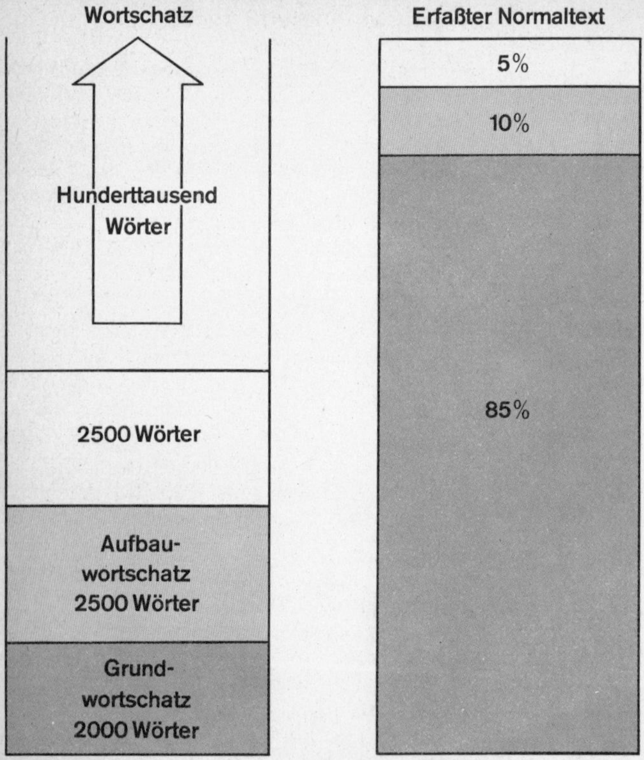

Mit dem Grundwortschatz (2000 Wörter) erfaßt man 85% eines Normaltextes, mit dem Aufbauwortschatz (plus 2500 Wörter) weitere 10%, zusammen also 95% eines Normaltextes.

längere Zeit durchhält, wird spüren, wie sein Verständnis für die Sprache geweckt wird, daß sein Interesse und damit seine Freude an der Fremdsprache größer wird. Und wer Freude an einer Sprache hat, wird wiederum leichter lernen!

Der *Grundwortschatz* ist in diesem Buch alphabetisch geordnet. Von ihm muß jeder ausgehen, der tiefer in das Spanische eindringen will. Wer bemerkt, daß er ihn nicht beherrscht, sollte sich zunächst die Grundwörter zum festen Besitz machen. Das geschieht am besten folgendermaßen:

1. Lesen beider Spalten
2. Einprägen
3. Wiederholen (jeweils eine Spalte zuhalten!)
4. Niederschreiben
5. Nachschlagen und Vergleichen

In einem weiteren Arbeitsabschnitt empfiehlt es sich, die Wörter, die sich auch bei aller Bemühung nicht dem Gedächtnis einprägen, mit einem roten Stift anzustreichen und dann die rot markierten Wörter in der angegebenen Weise nochmals zu bearbeiten. Dadurch reduzieren sich die nicht eingeprägten Wörter — seltsamerweise gibt es immer einen solchen Restbestand — auf ein Minimum.

Der *Aufbauwortschatz* kann nach diesen Vorbereitungen mit Gewinn angegangen werden. Er ist nach Sachgruppen geordnet, und zwar innerhalb dieser Gruppen in der Reihenfolge: Substantiv — Verb — Adjektiv — Adverb. An die Einzelwörter schließen sich *Sätze und Redewendungen* sowie *Aktionsreihen* an.

Vor jeder Sachgruppe befinden sich einsprachig und in alphabetischer Reihenfolge die Wörter des Grundwortschatzes, die zu dem betreffenden Themenkreis gehören. Der Lernende kann also selbst schnell überprüfen, ob er den Grundwortschatz tatsächlich beherrscht, und sollte sich die noch unbekannten Grundwörter auf jeden Fall noch einmal einprägen, sie gegebenenfalls aufschreiben, um sich zunächst auf diese allein zu konzentrieren.

Dann wird man sich nach den oben angegebenen Grundsätzen dem Erwerb des Aufbauwortschatzes zuwenden. Drei Wege sind möglich:
1. man kann ihn systematisch von Anfang an erarbeiten,
2. man kann, je nach der Interessenlage des einzelnen, Sachgruppen herausgreifen und bearbeiten,
3. man kann, wenn ein bestimmter Text oder ein Buch aus einem Sachgebiet gelesen werden soll, vor der Lektüre die betreffenden Sachgruppen systematisch studieren.

Von großer Bedeutung sind die jeder Sachgruppe beigegebenen Sätze und Redewendungen sowie die Aktionsreihen. Mit ihnen werden wertvolle Sinneinheiten geboten, die eine wesentliche Bereicherung der Ausdrucksfähigkeit bedeuten und deren Verwendung nicht genug empfohlen werden kann; sie sind das Salz der Sprache, ohne sie „schmeckt" die Sprache nach nichts. Man sollte sich daher solche idiomatischen Ausdrücke fest einprägen wie Einzelwörter.

Wer nach diesem Grund- und Aufbauwortschatz regelmäßig und ausdauernd arbeitet, hat die Gewähr, daß sich seine Mühe lohnt. Und wer schließlich über den Wortschatz, der in diesem Buch geboten wird, hinaus weitere Wörter braucht oder sucht, greife ruhig — keineswegs mit schlechtem Gewissen — zum Wörterbuch.

Liste der Abkürzungen

a.	auch	*también*
acc	Akkusativ	*acusativo*
adj	Adjektiv	*adjetivo*
adv	Adverb	*adverbio*
am	amerikanisch	*americano*
art	Artikel	*artículo*
bet	betont	*acentuado*
cf	vergleiche	*véase*
conj	Konjunktion	*conjunción*
dat	Dativ	*dativo*
etw	etwas	*alguna cosa*
f	weiblich	*femenino*
fam	familiär	*familiar*
fig	bildlich	*figurativo*
gen	Genitiv	*genitivo*
inf	Infinitiv	*infinitivo*
int	interrogativ	*interrogativo*
itr	intransitiv	*intransitivo*
jdm/jdn	jemandem/jemanden	*a alguien/a alguien*
jds	jemandes	*de alguien*
jur	juristisch	*jurídico*
lit	literarisch	*literario*
m	männlich	*masculino*
math	Mathematik	*matemáticas*
med	Medizin	*medicina*
mil	Militär	*militar*
mus	Musik	*música*
pl	Plural	*plural*
prn	Pronomen	*pronombre*
prp	Präposition	*preposición*
rel	relativ	*relativo*
relig	Religion	*religión*
s	Substantiv	*sustantivo*
sing	Singular	*singular*
subj	Konjunktiv	*subjuntivo*
tech	Technik	*técnica*
theat	Theater	*teatro*
tr	transitiv	*transitivo*
u.	und	*y*
uc	eine Sache	*una cosa*
unbet	unbetont	*átono*
up	eine Person	*una persona*

Abkürzungen für die Schlüsselformen unregelmäßiger Verben

Zeichen	Infinitiv	1. Person Präsens	3. Person einf. Perfekt
(zc)	agradecer	agradezco	
(zc, j)	conducir	conduzco	condujo
(ie)	acertar	acierto	
(ie, i)	advertir	advierto	advirtió
(ue)	acordar	acuerdo	
(ue, u)	dormir	duermo	durmió
(i)	pedir	pido	pidió
(y)	concluir	concluyo	
(í)	reír	río	rió
(ú)	continuar	continúo	continuó

Die Strukturwörter der spanischen Sprache

Diese 116 Wörter machen rund 50% eines jeden Normaltextes mittleren Schwierigkeitsgrades aus.

1. **a**	an, nach, um, auf, mit
2. **acabar/acabar de**	(be)enden; vollenden/soeben + *Verb*
3. **ahí, allí, allá**	da(hin), dort(hin)
4. **ahora**	jetzt
5. **algún, alguno, a**	irgendein(er, e, s)
6. **antes**	vor *(Zeit)*
7. **aquel, aquella/aquél, aquélla, aquello**	jene(r, s) *adj/s*
8. **aquí**	hier
9. **aún/aun**	noch/sogar
10. **aunque**	obgleich
11. **bajo** prp/**bajo, a** adj	unter/niedrig, tief
12. **bien**	gut *adv*
13. **buen(o), a**	gut *adj*
14. **cada**	jede(r, s)
15. **¿cómo?/como**	wie?/wie
16. **con**	mit
17. **la cosa**	die Sache, das Ding
18. **¿cuál?/el cual, la cual, lo cual**	welcher? was für ein?/der, die, das *rel prn*
19. **¿cuándo?/cuando**	wann?/wenn, als
20. **¿cuánto?/cuanto**	wieviel?/alles, was
21. **¿cúyo, a?/cuyo, a**	wessen?/dessen, deren
22. **dar**	geben
23. **de**	von, aus; als
24. **deber**	müssen, sollen
25. **decir**	sagen
26. **delante**	vor *(Ort)*
27. **dentro**	(dr)innen
28. **después**	nach *(Zeit)*
29. **detrás**	hinter
30. **¿dónde?/donde**	wo?/wo
31. **el** art/**él** prn	der/er
32. **ella/ellas**	sie *f sing/pl*
33. **ello/ellos**	es/sie *m pl*
34. **en**	in, an, auf, bei
35. **encima**	oben, auf, über
36. **entonces**	dann, damals
37. **entre**	zwischen, unter

38.	**ese, esa/ése, ésa, eso**	diese(r, s) dort *adj/s*
39.	**estar**	sein, sich befinden
40.	**este, esta/éste, ésta, esto**	diese(r,s) hier *adj/s*
41.	**fuera**	(dr)außen; außer
42.	**gran, grande** adj	groß
43.	**gustar**	gefallen
44.	**haber**	haben *(Hilfsverb)*
45.	**hacer**	machen, tun
46.	**hacia**	nach *(Ort)*; gegen *(Zeit)*
47.	**hasta/hasta que**	bis; sogar/bis *conj*
48.	**hay/hay que**	es gibt/man muß
49.	**ir**	gehen
50.	**jamás**	nie(mals)
51.	**la/las**	die *art f sing/pl*; sie *acc f sing/pl*
52.	**le/les**	ihm, ihr, Ihnen/ihnen, Ihnen
53.	**lo/los**	das *(vor adj)*/die *art m pl; acc m pl*
54.	**el lugar**	der Ort, Platz, die Stelle
55.	**más**	mehr
56.	**me (mí** nach prp**)**	mir/mich
57.	**mi(s)** unbet/**mío, a (s)** bet	mein, e
58.	**mismo, a/el, lo mismo, la misma**	selbst/der-, das-, dieselbe
59.	**mucho, a** adj/**mucho** adv	viel, e/sehr
60.	**muy** vor adj	sehr
61.	**nada**	nichts
62.	**nadie**	niemand
63.	**ningún, ninguno, a**	keine(r, s)
64.	**no**	nein; nicht
65.	**nos**	uns
66.	**nosotros, as**	wir
67.	**nuestro, a, s**	unser(e)
68.	**nunca**	nie(mals)
69.	**o (u** vor o, ho**)**	oder
70.	**os**	euch
71.	**otro, a/otros, as**	ein anderer, eine andere/andere
72.	**para**	für, um zu
73.	**la parte**	der Teil, die Seite
74.	**pasar**	vorbeigehen
75.	**pequeño, a**	klein
76.	**poco, a** adj/**poco** adv	wenig
77.	**poder**	können, vermögen

78.	**poner**	setzen, stellen, legen
79.	**por**	durch, von, wegen
80.	**porque**	weil
81.	**¿por qué?**	warum?
82.	**primer(o), a**	erste(r, s)
83.	**pues**	da, daher
84.	**que/¿qué?**	der, welcher/was? was für ein?
85.	**querer**	wollen, lieben
86.	**¿quién(es)?/quien(es)**	wer?/welcher, der
87.	**saber**	wissen; können, verstehen
88.	**se (sí** nach prp)	sich
89.	**seguir**	folgen; fortfahren zu
90.	**señor/señora**	Herr/Frau
91.	**ser**	sein *(Verb)*
92.	**si/sí**	wenn; ob/ja
93.	**siempre**	immer
94.	**sin**	ohne
95.	**sobre**	über
96.	**su(s)** unbet/**suyo, a (s)** bet	sein(e), ihr(e)
97.	**tal** adj	solche(r, s)
98.	**también**	auch
99.	**tan** + adj	so + *adj*
100.	**tanto, a** adj/**tanto** adv	so viel/so sehr, so lange
101.	**te (ti** nach prp)	dir/dich
102.	**tener**	haben, besitzen
103.	**todo, a** adj/**todo** adv	alle(s), jede(r, s)/völlig
104.	**tomar**	nehmen
105.	**tu(s)** unbet/**tuyo, a(s)** bet	dein, e
106.	**tú**	du
107.	**un, una/unos, as**	ein, eine/einige
108.	**usted,** pl **ustedes**	Sie *(Anrede)*
109.	**venir**	kommen
110.	**la vez**	das Mal
111.	**volver a** + inf	wieder + *Verb*
112.	**vosotros, as**	ihr
113.	**vuestro, a, s**	euer, eure
114.	**y** (e vor i, hi-)	und
115.	**ya**	schon; gleich
116.	**yo**	ich

Der Grundwortschatz

A

a (al, a la, a los, a las)	*an, nach, um, auf, mit*
a la mesa	*bei Tisch*
voy a casa/a la escuela	*ich gehe nach Hause/in die Schule*
a las cinco	*um fünf Uhr*
a los cuarenta años	*mit vierzig Jahren*
a la española	*auf spanische Art*
a mi entender	*nach meiner Meinung*
escribir a máquina	*mit der Maschine schreiben*
se lo diré a mi padre dat	*ich werde es meinem Vater sagen*
iré a ver a mi padre acc	*ich werde meinen Vater besuchen*
abajo adv	unten
río abajo	*stromabwärts*
de arriba abajo	*von oben nach unten*
hacia abajo	*abwärts*
abandonar	verlassen, aufgeben
aborrecer (zc)	verabscheuen
abrazar	umarmen; *fig* umfassen, -schließen
el abrigo	der Mantel; Schutz
abril	April
abrir (abierto)	öffnen, aufmachen
absoluto, a	unbedingt, absolut
el abuelo/la abuela/los abuelos	der Großvater/die Großmutter/Großeltern
abundar en uc	Überfluß haben an etw
aburrirse de	sich langweilen mit
aburrir	*langweilen*
abusar de	mißbrauchen
acá	hier, da
¡ven acá!	*komm hierher!*
acabar/acabar por	(be)enden; vollenden/schließlich etw tun
acaban de dar las tres	*es hat soeben drei Uhr geschlagen*
acabará bien	*es wird gut ausgehen*
tenemos que acabar con eso	*wir müssen damit fertig werden*
no acabo de comprender	*ich verstehe einfach nicht*
acaso	vielleicht
al acaso	*aufs Geratewohl*
por casualidad	*zufällig*
el accidente	der Unfall, Vorfall
la acción	die Handlung, Tat; Aktie

el aceite	das (Oliven-)Öl
aceptar	annehmen, akzeptieren
acerca de	über *fig*
discutir acerca de política	*über Politik diskutieren*
acercarse a	sich nähern, herangehen an
acertar (ie)	treffen, finden
acertaron a pasar por el parque	*sie gingen zufällig durch den Park*
acoger	aufnehmen, empfangen
acompañar	begleiten
acompañar a comer a up	*mit jdm essen*
aconsejar	beraten
aconsejarse con up	*bei jdm Rat suchen*
acontecer (zc)	sich ereignen, vorkommen
el acontecimiento	das Ereignis
acordar (ue)	beschließen
acordarse de	*sich erinnern an*
acostarse (ue)	zu Bett gehen, schlafen gehen
¡acuéstate!	*geh zu Bett!*
acostumbrar + inf	pflegen zu
acostumbrarse a	*sich gewöhnen an*
la actitud	die Haltung, Einstellung; das Verhalten
la actividad	die Tätigkeit, Aktivität
el acto	die Tat, Handlung; der Akt *theat*
actual adj/**actualmente** adv	gegenwärtig
acudir	herbeieilen, -kommen
el acuerdo	die Übereinstimmung; das Abkommen
estoy de acuerdo	*ich bin einverstanden*
¡pónganse de acuerdo!	*einigen Sie sich!*
acusar a up de uc	jdn einer Sache anklagen
acusar recibo	*den Empfang bestätigen*
adelante	vorwärts
¡adelante!	*herein!*
de hoy en adelante	*von heute an*
además (de)	außerdem, ferner; (außer + *dat*)
adentro	hinein; drinnen
tierra adentro	*landeinwärts*
¡adiós!/el adiós	auf Wiedersehen! leb wohl!/der Abschied
adivinar	erraten
adivinar la suerte	*wahrsagen*
la administración	die Verwaltung
admirar	bewundern

admirarse de	*sich wundern über*
admitir	zulassen, zugeben
¿adónde?/adonde	wohin?/wohin
adorar	anbeten, verehren
adquirir (ie)	erwerben, anschaffen
la aduana	der Zoll, das Zollamt
adulto, a	erwachsen
el adulto	*der Erwachsene*
advertir (ie, i)	wahrnehmen; mahnen, warnen
el aeropuerto	der Flughafen, -platz
la afección	die Zuneigung; das Leiden *med*
afeitarse	sich rasieren
la afición	die Liebhaberei, der Hang (zu)
afirmar	befestigen; bejahen, bestätigen
la agencia (de viajes)	das (Reise-)Büro
agitar	schütteln; aufregen
¡agítese antes de usarlo!	*vor Gebrauch schütteln!*
agosto	August *(Monat)*
agotar	ausgehen *(Waren)*
libros agotados	*vergriffene Bücher*
agradable adj	angenehm, gefällig, nett
agradecer (zc) a up acc	jdm danken
¡se lo agradezco mucho!	*ich danke Ihnen sehr!*
la agricultura	die Landwirtschaft
el agua f	das Wasser
agua potable	*Trinkwasser*
agudo, a	spitz; scharf; witzig; schrill
la aguja	die (Näh-)Nadel; der (Uhr-)Zeiger; die Weiche
el agujero	das Loch, die Öffnung
ahí/por ahí	dort/dort herum
ahogar	ertränken
ahogarse	*ertrinken; ersticken*
ahora (mismo)	jetzt (gleich)
ahorrar	sparen; ersparen
la caja de ahorros	*die Sparkasse*
el aire	die Luft; Miene, das Aussehen; die Weise, Melodie
al aire libre	*im Freien*
ajeno, a	fremd, unbeteiligt
el ala f	der Flügel; die Reihe, das Glied *mil*
alabar	loben, rühmen
el alambre	der Draht
el alcalde	der Bürgermeister

alcanzar	erreichen, einholen
la aldea	das Dorf
alegre adj	heiter, fröhlich
la alegría	die Heiterkeit, Fröhlichkeit
alejar	entfernen
alemán, alemana	deutsch
el alemán/la alemana	*der/die Deutsche*
la alfombra	der Teppich
algo (de vino)	ein wenig, etwas (Wein)
el algodón	die Baumwolle; Watte
alguien	jemand, irgendwer
algún, alguno, alguna	irgendein(er, e, es)
alguna vez	*irgend einmal*
alimentar	ernähren; *fig* nähren
el alma f	die Seele, das Herz, Gemüt
le llegó al alma	*er war tief gerührt*
el almacén	das Lager, Magazin
la almohada	das Kissen
el almuerzo	das Mittagessen
alquilar	mieten; vermieten
alrededor (de) adv	ringsherum; ungefähr
alto, a	hoch, erhaben; laut
hablar en alta voz/voz alta	*laut/mit hoher Stimme sprechen*
el alumno/la alumna	der Schüler, Student/die Schülerin
alzar/alzarse	heben, hoch-, aufheben/sich erheben
allá/allí	dort(hin)/da(hin)
más allá	*weiter (weg)*
más allá del río	*jenseits des Flusses*
allá abajo	*dort unten*
por allí	*dorthin, hier etwa*
amable (con) adj	liebenswürdig (zu)
amanecer/el amanecer	Tag werden, dämmern/das Morgengrauen
amar	lieben, liebhaben
amargo, a	bitter
amarillo, a	gelb
el ambiente	die Umwelt, das Milieu; die Atmosphäre *fig*
ambos/ambas	beide
amenazar tr/itr	bedrohen/drohen; bevorstehen
americano, a	amerikanisch
el americano/la americana	*der Amerikaner/die Amerikanerin*
el amigo/la amiga	der Freund/die Freundin
la amistad	die Freundschaft

el amor	die Liebe
el amor al prójimo	*die Nächstenliebe*
por amor de Dios	*um Gottes willen*
ancho, a	weit, breit, geräumig
estar a sus anchas	*sich wohl fühlen*
andar *(anduve)*	gehen (zu Fuß), funktionieren *tech*
el andar	*der Gang, die Gangart*
andando el tiempo	*mit der Zeit*
andar triste	*traurig sein*
andar tras uc	*hinter etw her sein*
a todo andar	*in höchster Eile*
el ángel	der Engel
el ángulo	der Winkel, die Ecke
la angustia	die Angst, Beklemmung
el anillo	der Ring
animal adj/**el animal**	tierisch/das Tier
el ánimo	der Mut; die Lust (zu)
con ánimo de + inf	*mit der Absicht, zu*
anoche	gestern abend
ante prp	in Gegenwart von; vor
ante (el) juez	*vor dem Richter*
ante todo	*vor allem*
anteayer	vorgestern
antes adv/**antes de** prp	vorher, eher, früher/vor
cuanto antes	*möglichst früh*
el día antes	*tags zuvor*
antes de la comida	*vor dem Essen*
antes de que + subj	*bevor*
antiguo, a	alt, ehemalig
anunciar	ankündigen, bekanntmachen, ansagen
añadir	hinzufügen, -setzen
el año	das Jahr; der Jahrgang
el año que viene	*nächstes Jahr*
el año pasado	*letztes Jahr*
apagar	(aus)löschen
apagar la luz/la sed	*das Licht/den Durst löschen*
el aparato	der Apparat, das Gerät
aparecer (zc)	erscheinen, auftreten
aparte adv	für sich, beiseite
aparte de prp	*außer* + dat
aparte de que conj	*abgesehen davon, daß*
aparte de eso	*außerdem*
el apellido	der Familienname
apenas	kaum, mit Mühe

aplicar	auflegen; anwenden
apoyar	unterstützen, befürworten
apoyarse en	*sich stützen auf*
apreciar	schätzen, achten, anerkennen
aprender	(er)lernen
aprobar (ue)	billigen, gutheißen
aprobar un examen	*ein Examen bestehen*
aprovechar tr/itr	ausnutzen, gebrauchen/nützen
¡que aproveche!	*Guten Appetit!*
apuntar	notieren, aufzeichnen, zeigen auf
apuntar el arma contra up	*die Waffe gegen jdn richten*
aquel, aquella, aquello/ aquél, aquélla	jene(r, s,) *adj/s*
aquí	hier; jetzt
de aquí a tres días	*heute in drei Tagen*
desde aquí	*von hier aus*
hasta aquí	*bis hierher; bis jetzt*
por aquí	*hier herum*
de aquí para allá	*hin und her*
he aquí	*hier ist; sieh da*
el árbol	der Baum; Mast
el arco	der Bogen *(Architektur u. Waffe)*
la arena	der Sand; die Arena
el arma f/**las armas**	die Waffe/das Wappen
el armario	der Schrank
arrancar	aus-, abreißen; anfahren, starten, anspringen
arreglar	regeln, in Ordnung bringen
arriba adv	oben, droben
el arroyo	der Bach; die Gosse; Rinne
el arroz	der Reis
el arte m, pl **las artes** f	die Kunst; List
el artículo	der Artikel, Abschnitt
el artista	der Künstler
el asado	der Braten
asar	braten
asegurar	sichern, versichern; behaupten
el asesino	der Mörder
así	so; daher, also
así como así	*sowieso, ohnehin*
así que	*sobald; daher, folglich*
asimismo adv	*auch*
el asiento	der Sitz, Platz; Wohnsitz
tomar asiento	*Platz nehmen*

asistir	unterstützen, helfen; pflegen
asistir a uc	*an etw teilnehmen*
asomarse	sich hinauslehnen
asomarse a la ventana	*sich aus dem Fenster lehnen*
asombrar	in Staunen (ver)setzen
el aspecto	der Anblick, das Aussehen; der Gesichtspunkt
tener aspecto de	*aussehen wie*
áspero, a	rauh, herb
el asunto	die Angelegenheit, Sache
atacar	angreifen; befallen; einsetzen *mus*
el ataque	der Angriff; Anfall
atar	an-, fest-, zubinden
la atención	die Aufmerksamkeit
llamar la atención sobre uc	*die Aufmerksamkeit auf etw lenken*
¡atención!	*Achtung!*
prestar atención	*Aufmerksamkeit schenken, aufpassen*
atender (ie)	beachten, berücksichtigen
atender a clientes	*Kunden bedienen*
atraer *cf* traer	anlocken, anziehen
atrás	hinten; nach hinten; früher
mucho tiempo atrás	*vor langer Zeit*
por atrás	*von hinten*
hacia atrás	*nach hinten*
volverse atrás	*umkehren, zurückweichen*
atravesar (ie)	über-, durchqueren; überschreiten
atreverse (a hacer uc)	(etw zu tun) wagen
aumentar	vermehren, vergrößern, steigern
aún/aun	noch/sogar
aunque conj	obgleich
la ausencia	die Abwesenheit, das Fehlen
el autobús	der (Omni-)Bus
el automóvil	das Auto
el autor	der Autor, Verfasser; Täter *jur*
avanzar	vorrücken, fortschreiten
la avenida	die Avenue, Allee
la aventura	das Abenteuer
el avión	das Flugzeug
el avión a reacción	*das Düsenflugzeug*
por avión	*Luftpost*
viajar en avión	*fliegen*
avisar	benachrichtigen; warnen
ayer	gestern

ayudar	helfen, unterstützen
el ayuntamiento	das Rathaus, die Stadt-, Gemeindeverwaltung
el azúcar (de caña)	der (Rohr-)Zucker
azul	blau

B

bailar	tanzen
bailar al son de la guitarra	*nach der Gitarre tanzen*
el baile	der Tanz, Ball
bajar tr/itr	herunterholen, herabnehmen/sinken, herabgehen
el sol está bajando	*die Sonne sinkt*
bajarse	*sich bücken*
bajo, a adj/**bajo** adv/prp	niedrig; tief; gemein/leise/unter
por lo bajo	*geheim, in aller Stille*
hablar bajo adv	*leise sprechen*
bajo el mando de prp	*unter dem Befehl von*
bajo multa	*bei Geldstrafe*
el banco	die Bank *(a. Geldinstitut)*
la bandera	die Fahne, Flagge
el baño/los baños	das Bad(ezimmer)/die Badeanstalt, Kur
tomar un baño	*ein Bad nehmen, baden*
bañarse	*baden*
barato, a	billig
la barba	der Bart
el barco	das Schiff
barrer	kehren, fegen
el barrio	das Stadtviertel; die Vorstadt
la base	die Grundlage, Basis
la base aérea	*der Luftstützpunkt*
bastante adj/adv	genügend, ausreichend/genug, ziemlich
bastar	ausreichen, genügen
la batalla	die Schlacht, der Kampf
batir	schlagen *(Feind; Eier)*
el baúl	der (große) Koffer, die Truhe
beber	trinken
la bebida	das Getränk, der Trank
la belleza	die Schönheit
bello, a	schön, wohlgestaltet

bendecir (bendito)	segnen; weihen
el beneficio	der Nutzen, Gewinn; die Wohltat
besar	küssen
el beso	der Kuß
la bestia	das Tier, Vieh; der grobe Kerl
la bicicleta	das Fahrrad
bien adv	gut, wohl, recht
¡está bien!	*gut so!*
¡pues bien!	*nun gut!*
el bien/los bienes	*das Gute/die Güter*
la bienvenida	das Willkommen, der Willkommensgruß
dar la bienvenida a up	*jdn willkommen heißen*
el billete	die Fahrkarte; *am* Eintrittskarte
el billete de banco	*die Banknote*
blanco, a	weiß; hell
blando, a	weich, zart, sanft; nachgiebig
bobo, a	dumm, töricht, einfältig
la boca	der Mund, das Maul; die Mündung, Öffnung
a pedir de boca	*nach Herzenslust*
se me hace la boca agua	*mir läuft das Wasser im Munde zusammen*
callar la boca	*den Mund halten*
quedarse con la boca abierta	*Mund und Nase aufsperren (vor Erstaunen)*
la boda, las bodas	die Hochzeit
la bola	die Kugel
la bolsa	der (Geld-)Beutel; die Börse
el bolsillo	die (Hosen-)Tasche
la bondad	die Güte
tenga la bondad de decirme	*hätten Sie die Güte, mir zu sagen*
bonito, a	schön; hübsch, nett
el borde	der Rand, die Kante, das Ufer
borrar	löschen; ausradieren
el bosque	der Wald; das Gehölz
la botella	die Flasche
el botón	der Knopf; die Knospe
bravo, a	tapfer, mutig; wild *(Tiere)*
¡bravo!	*bravo!*
el brazo/los brazos	der Arm/die Arbeitskräfte
a brazo partido	*aus Leibeskräften*
breve adj	kurz *(Zeit)*
en breve	*in kurzem*

brillante adj	glänzend
bruto, a	roh, gemein; dumm
en bruto	*brutto*
hierro bruto	*Roheisen*
el bruto	der Rohling; das Tier *fig*
buen(o), buena adj	gut; brav; richtig
un buen hombre	*ein gutmütiger Mann*
un hombre bueno	*ein tüchtiger Mann*
a la buena de Dios	*aufs Geratewohl*
por las buenas	*bereitwillig*
en buena hora	*im rechten Augenblick*
estar de buenas	*gut aufgelegt sein*
estar bueno	*gesund sein*
el buey	der Ochse
el buque	das (große) Schiff
la burla	der Spott, Spaß
por burla	*im Scherz*
burlarse de up	sich über jdn lustig machen
el burro	der Esel *a. fig*
buscar	suchen; nachforschen
buscar a un criado	*einen (der) Diener suchen*
buscar un criado	*(sich) einen Diener suchen*
en busca de	*auf der Suche nach*

C

el caballero	der Ritter; Kavalier; Herr
el caballo	das Pferd; die Pferdestärke *tech*
el caballo de fuerza	*die Pferdestärke*
el caballo de batalla	*das Steckenpferd, Hobby*
el caballo de silla/tiro	*das Reit-/Zugpferd*
el cabello	das Haar *(auf dem Kopf)*
caber (quepo, cupe)	Platz haben, hineingehen; möglich sein
no cabe duda	*es besteht kein Zweifel*
en este carro caben 6 personas	*in diesem Wagen haben 6 Personen Platz*
me cabe la tarea	*ich habe die Aufgabe*
todo cabe en él	*er ist zu allem fähig*
la cabeza	der Kopf; das Haupt; der Anführer
andar de cabeza	*drunter und drüber gehen*
romperse la cabeza	*sich den Kopf zerbrechen*
traer de cabeza	*den Kopf verdrehen*

el cabo	die Spitze, der Zipfel; das Ende; Kap
al fin y al cabo	*schließlich*
al cabo de	*nach Ablauf von*
dar cabo a uc	*etw vollenden*
estar al cabo de uc	*über etw unterrichtet sein*
la cabra	die Ziege
cada adj, **cada uno, a**	jeder, jede, jedes
cada vez	*jedesmal*
cada vez más	*immer mehr*
cada tres días	*jeden dritten Tag*
cada vez que	*jedesmal, wenn; sooft*
la cadena	die Kette
caer (caigo, cayó)	ab-, herab-, herunterfallen passen *fam*
las Navidades caen en domingo	*Weihnachten fällt auf einen Sonntag*
al caer el día	*in der Abenddämmerung*
caer enfermo	*krank werden*
caer mal	*ungelegen kommen*
caer prisionero	*in Gefangenschaft geraten*
¡ahora caigo!	*jetzt geht mir ein Licht auf!*
caerse/caerse en pedazos	*hinfallen/zer-, auseinanderfallen*
caerse de risa	*sich totlachen*
el café	der Kaffee; das Café
la caja	die Kiste, Schachtel, Kasse
la caja de fósforos/cerillas	*die Streichholzschachtel* am
el calcetín	die Socke
calentar (ie)	(er)wärmen, heizen
la calidad (a. cualidad)	die Qualität, Güte; Eigenschaft
caliente adj	heiß; warm
la calma	die Ruhe, (Wind-)Stille, der Gleichmut
el calor	die Wärme; Hitze
hoy hace mucho calor	*heute ist es sehr heiß*
callar tr/itr	verschweigen/schweigen
la calle	die Straße
la calle de dirección única	*die Einbahnstraße*
poner en la calle a up	*jdn hinauswerfen*
el callejón sin salida	*die Sackgasse*
la cama	das Bett, Lager
hacer la cama	*das Bett machen*
cambiar tr/itr	ver-, aus-, umtauschen/sich ändern, wechseln
cambiar dinero	*Geld wechseln*

cambiar de traje	*sich umziehen*
cambiar de tren	*umsteigen*
cambiar de residencia	*umziehen*
caminar	gehen, wandern
el camino	der Weg; die Straße
camino de Santiago	*auf dem Wege nach Santiago*
ponerse en camino	*sich auf den Weg machen*
el camión	der Lastkraftwagen
la camisa	das Hemd
la camiseta	*das Unterhemd*
el camisón	*das Nachthemd*
la campana	die Glocke
el campesino	der Bauer
el campo	das Feld, der Acker, das Land *(Gegensatz: Stadt); fig* das Gebiet
el campo de deportes	*der Sportplatz*
en el campo de la lingüística	*auf dem Gebiet der Sprachwissenschaft*
la canción	das Lied
la canción de moda	*der Schlager*
la canción popular	*das Volkslied*
cansado (de uc)	(einer Sache) müde, überdrüssig
cansar/cansarse	jdn ermüden/müde werden
cantar tr/itr	besingen/singen
el cantar	*das (Helden-)Lied*
la cantidad (a. cuantidad)	die Menge, Quantität; Anzahl
la capa	der Umhang; die Decke, Schicht
capaz (de) adj	fähig (zu), begabt (für)
el/la capital	das Kapital/die Hauptstadt
el capitán	der Kapitän; Hauptmann
la cara	das Gesicht, die Miene; Vorderseite
de cara	*gegenüber*
cara a	*in Richtung auf*
hacer cara al peligro	*der Gefahr trotzen*
tener cara de	*aussehen wie*
el carácter, pl **los caracteres**	der Charakter; das Merkmal; der Buchstabe
carecer de uc (zc)	an etw Mangel haben, etw entbehren
cargar tr/itr	(be-, ver)laden/lasten auf
la carga/el cargo	die Last/das Amt
la caridad	die Wohltätigkeit, Nächstenliebe
el cariño	die Zuneigung, Liebe
¡cariño mío!	*mein Liebling!*
la carne	das Fleisch

la carne de vaca	*das Rindfleisch*
echar/perder carnes	*dick/mager werden*
la carnicería	die Metzgerei, Fleischerei
caro, a	teuer; lieb
el carpintero	der Schreiner, Tischler, Zimmermann
la carretera	die (Land-)Straße
el carro	der Karren, Wagen; *am* das Auto
la carta	der Brief, das Schreiben; die Spielkarte
la carta certificada	*der Einschreibebrief*
am *registrada*	
la carta urgente	*der Eilbrief*
la casa	das Haus; die Familie; Firma
la casa de alquiler	*das Mietshaus*
la casa de huéspedes	*die Pension*
estar en casa	*zu Hause/daheim sein*
ir a casa	*nach Hause gehen, heimgehen*
casar/casarse con up	verheiraten/jdn heiraten
casi	fast, beinahe
el caso	der Fall; das Ereignis
en todo caso	*jedenfalls*
se da el caso de que	*es kommt vor, daß*
en caso (de) que	*falls*
no hacer caso de uc	*keine Rücksicht auf etw nehmen*
no viene al caso	*das gehört nicht zur Sache*
castellano, a	kastilisch; spanisch *(Sprache)*
el castellano	*der Kastilier; die spanische Sprache*
castigar	bestrafen, züchtigen
católico, a	katholisch
catorce	vierzehn
la causa	die Ursache, der Grund; Prozeß
por la causa de	*wegen*
causar	verursachen, anstiften, anrichten
la caza	die Jagd(beute); das Wild
a la caza de	*auf der Jagd nach*
dar caza a up	*jdm nachstellen*
ceder	nachgeben, weichen
ceder el paso a up	*jdm den Vortritt lassen*
celebrar/celebrarse	feiern, sich freuen; stattfinden
celebrar una misa	*eine Messe lesen*
la cena	das Abendessen
la ceniza/las cenizas	die Asche/*(eines Verstorbenen)*
el centro	der Mittelpunkt, das (Stadt-)Zentrum
el cepillo	die Bürste; der Hobel

el cepillo de dientes/de ropa	*die Zahn-/Kleiderbürste*
la cerca	der Zaun
cerca de	nahe bei
cerca de nuestra casa	*nahe bei unserem Haus*
el cerebro	das (Ge-)Hirn
cero	null
sobre/bajo cero	*über/unter Null*
cerrar (ie)	(ab-, ver)schließen, zumachen
cerrar con llave	*ab-, zuschließen*
¡cierre la puerta!	*schließen Sie die Tür!*
la cerveza	das Bier
cesar	aufhören
sin cesar	*unaufhörlich*
ciego, a/el ciego	blind/der Blinde
a ciegas	*blindlings*
el cielo/los cielos	der Himmel; das Paradies/der Himmel *relig*
al raso	*im Freien*
la ciencia/las ciencias	die Wissenschaft/Naturwissenschaft
cien(to)	hundert
por ciento	*Prozent*
cierto, a	gewiß, sicher
estar en lo cierto	*recht haben*
el cigarrillo/el cigarro	die Zigarette/Zigarre
cinco	fünf
cincuenta	fünfzig
el cine	das Kino
el cinturón	der Gürtel
el círculo	der Kreis, Zirkel; Klub
la circunstancia	der Umstand
la cita	die Verabredung, das Stelldichein
citar	zu einer Zusammenkunft bestellen; zitieren
citarse con up	*sich mit jdm verabreden*
la ciudad	die Stadt
civil adj	bürgerlich, zivil
la civilización	die Zivilisation; Kultur
claro, a	hell, klar, rein
¡está claro!	*das ist klar!*
¡claro está!	*natürlich!*
decir a las claras	*unverblümt sagen*
poner en claro	*klarstellen, klären*
la clase	die Klasse, Sorte; Unterrichtsstunde; das Klassenzimmer

dar clases	*Unterricht halten*
dar clases con up	*bei jdm Unterricht nehmen*
el clavo	der Nagel
el clima	das Klima
cobarde adj/**el cobarde**	feige/der Feigling
cobrar	einziehen, kassieren
cobrar ánimo	*Mut fassen*
cocer (ue)	kochen; backen
la cocina	die Küche; Kochkunst
el coche	das Auto; der (Eisenbahn-)Wagen
el coche-cama/coche-comedor	*der Schlaf-/Speisewagen*
coger	(er)greifen, packen, (an)fassen; fangen
coger flores/frutas	*Blumen/Obst pflücken*
coger una enfermedad	*sich eine Krankheit holen*
la cola	der Schwanz, die Schleppe
hacer cola	*Schlange stehen, anstehen*
traer cola	*Folgen haben*
coleccionar	sammeln
la cólera	die Wut, der Zorn
colgar (ue) tr/itr	(an-, auf-, um)hängen/hängen *itr*
la colina	der Hügel
colocar	aufstellen, legen; anstellen
el color	die Farbe
la película de/en color	*der Farbfilm*
combatir tr/itr	bekämpfen/kämpfen
la combinación	die Zusammenstellung, Kombination; das Unterkleid
la comedia	die Komödie, das Lustspiel
hacer comedias	*Theater machen* fam
el comedor	das Eß-, Speisezimmer
comenzar (ie) tr, itr	beginnen, anfangen
comenzó por decir	*er sagte zuerst*
comenzar a trabajar	*zu arbeiten beginnen*
comer	essen, speisen, verzehren; fressen
le come la envidia	*der Neid verzehrt ihn*
el comercio	der Handel, das Geschäft; der Umgang; Verkehr
cometer	begehen, verüben
cometer un crimen	*ein Verbrechen begehen*
la comida	das Essen, die Speise, Mahlzeit; das Mittagessen
¿cómo?/como	wie?/wie

¡cómo no! am	*natürlich!*
cómodo, a	bequem, leicht
el compañero	der Gefährte, Kollege, Genosse
la compañía	die Gesellschaft; Kompanie *mil*
la compañía de seguros	*die Versicherungsgesellschaft*
hacer compañía a up	*jdm Gesellschaft leisten*
la comparación	der Vergleich
en comparación con	*im Vergleich mit*
completo, a	vollständig; voll besetzt
componer	zusammensetzen; komponieren
comprar	(ab-, ein)kaufen
comprar al contado	*bar kaufen*
comprar a plazos	*auf Raten kaufen*
comprender	verstehen, begreifen; umfassen
sabe hacerse comprender	*er kann sich verständlich machen*
común adj	gemeinsam; gewöhnlich, alltäglich
en común adv	*gemeinsam*
por lo común adv	*gewöhnlich*
comunicar	mitteilen; verbinden
la comunidad	die Gemeinschaft
Comunidad Económica Europea	*Europäische Wirtschaftsgemeinschaft*
con	mit; bei
para con	*gegenüber* (Personen)
con tal de/que	*vorausgesetzt, daß*
con ser tan rico	*obgleich (er) sehr reich (ist)*
el concepto	der Begriff, die Anschauung
tener buen concepto de up	*von jdm eine gute Meinung haben*
la concesión	die Gewährung, Billigung, Konzession
hacer concesiones a up	*jdm Zugeständnisse machen*
la conciencia	das Gewissen; Bewußtsein
en conciencia	*mit gutem Gewissen*
el concierto	das Konzert; die Übereinstimmung
concluir (y) tr/itr	(ab)schließen/folgern
concurrir a uc	zu etw zusammenkommen, an etw teilnehmen
una reunión concurrida	*eine gut besuchte Versammlung*
condenar	verurteilen, verdammen
la condición	die Bedingung; der Zustand
a condición de que	*unter der Bedingung, daß*
ser de mala condición	*einen schlechten Charakter haben*
estar en condición de	*in der Lage sein zu*
conducir (zc, j)	fahren, führen, leiten, lenken
la conducta	die Haltung, das Benehmen

el conductor	der Fahrer, Schaffner
la conferencia	die Konferenz, Besprechung; der Vortrag
confesar/confesarse (ie)	bekennen, (ein)gestehen/beichten
la confianza	das Vertrauen
ser de confianza	*zuverlässig sein*
tener mucha confianza con up	*mit jdm sehr vertraut sein*
tener confianza en up	*zu jdm Vertrauen haben*
confiar en	vertrauen auf
confirmar	bestätigen; firmen; konfirmieren
conforme a	gemäß
estar conforme con	*einverstanden sein mit*
conforme a la ley	*nach dem Gesetz*
confundir	verwechseln, verwirren, durcheinanderbringen
la confusión	die Verwirrung
conmigo/contigo/consigo	mit mir/dir/sich
conocer (zc)	kennen(lernen); erkennen
conocido, a adj/**el conocido**	bekannt/der Bekannte
el conocimiento	die Kenntnis, Erkenntnis
la conquista	die Eroberung; Errungenschaft
la consecuencia	die Folge, Konsequenz
a consecuencia de	*als Folge von*
en consecuencia	*folglich*
conseguir *cf* seguir	erlangen, erreichen, bekommen, erhalten
consiguió aprender esta lengua	*es gelang ihm, diese Sprache zu lernen*
el consejo	der Rat(schlag); Rat *(Gremium)*
consentir *cf* sentir	gestatten, billigen, zulassen
conservar	erhalten, aufbewahren
la consideración	die Betrachtung; Rücksichtnahme
por consideración a	*aus Rücksicht auf*
sin consideración	*rücksichtslos*
tomar en consideración	*berücksichtigen, in Erwägung ziehen*
(por) consiguiente	folglich
consistir en	bestehen aus
la dificultad consiste en que	*die Schwierigkeit besteht darin, daß*
consolar/consolarse con (ue)	trösten/Trost finden in
constante adj	beständig, standhaft; ständig
constar	feststehen

me consta que	*es steht für mich fest, daß*
hacer constar	*feststellen*
constar de	*bestehen aus*
constituir (y)	bilden, gründen, errichten
construir (y)	(er)bauen, errichten, konstruieren
consultar	befragen, um Rat fragen
consumir/consumirse	auf-, verbrauchen, verzehren/sich verzehren
el contacto	die Berührung, der Kontakt
ponerse en contacto con up	*sich mit jdm in Verbindung setzen*
contar (ue)	zählen, (aus-, be-, er)rechnen; erzählen
contar una anécdota	*eine Anekdote erzählen*
contar con up	*auf jdn rechnen*
contemplar	betrachten, be-, anschauen
contener/contenerse *cf* tener	enthalten/sich mäßigen
contento, a	zufrieden
contestar	beantworten; antworten
continuar (ú)	fortsetzen; andauern
continuará	*Fortsetzung folgt!*
continuar hablando	*weitersprechen*
contra	gegen, wider
tener algo en contra	*etw dagegen haben*
el/lo contrario	der Gegner/das Gegenteil
al contrario	*im Gegenteil*
de lo contrario	*andernfalls, sonst*
contribuir a (y)	beitragen zu
controlar	überprüfen, -wachen, kontrollieren
convencer/convencerse de uc	überzeugen/sich einer Sache vergewissern
convenir tr/itr *cf* venir	vereinbaren, verabreden/passen *fig*
convenirse en uc	*sich über etw einigen*
me conviene	*es paßt mir*
conviene + inf	*es ist angebracht*
la conversación	die Unterhaltung, das Gespräch, die Konversation
convertir/convertirse (ie, i)	umwandeln, -ändern; bekehren/übertreten *relig*
convidar a	einladen zu
la copa	das Glas; der Pokal; die Baumkrone
copiar	abschreiben, kopieren; nachahmen
el corazón	das Herz

la corbata	die Krawatte, der Schlips
el cordel	die Schnur, der Bindfaden
la corona	der Kranz; die Krone
correcto, a	richtig, korrekt, einwandfrei
corregir (i)	verbessern, berichtigen, korrigieren
el correo	der Bote, Kurier; die Post
(la oficina de) correos	*das Postamt*
correo aéreo	*Luftpost*
a vuelta de correo	*postwendend*
correr	laufen, eilen, rennen
a todo correr	*eiligst*
correr un riesgo	*Gefahr laufen*
la correspondencia	die Post *(Briefe);* der Briefwechsel; Anschluß *(Zug)*
corresponder/corresponderse	entsprechen; angehen/Briefe wechseln
le corresponde hacerlo	*es ist seine Sache, es zu tun*
corriente adj	laufend, fließend; üblich
agua corriente	*fließendes Wasser*
estar al corriente de uc	*über etw auf dem laufenden sein*
poner a up al corriente de uc	*jdn über etw unterrichten*
la corriente	der Strom
la corriente de aire	*der Luftzug*
contra la corriente	*gegen den Strom*
cortar	(ab-, aus-, durch-, zer)schneiden
cortarse el cabello	*sich das Haar schneiden lassen*
cortés adj	höflich, zuvorkommend
la cortina	der Vorhang, die Gardine
la cortina de hierro	*der Eiserne Vorhang*
corto, a	kurz
corto de vista	*kurzsichtig*
a la corta o a la larga	*über kurz oder lang*
la cosa	die Sache, das Ding
no gran cosa	*nicht viel*
cosa de risa	*etwas zum Lachen*
cosa de importancia	*etwas Wichtiges*
no hay tal cosa	*das stimmt nicht!*
la cosecha	die Ernte
coser	nähen
la costa	die Küste
costar (ue)	kosten
cueste lo que cueste	*koste es, was es wolle!*
el coste, el costo	der Preis; die Kosten
a toda costa	*um jeden Preis*

la costumbre	die Gewohnheit, Sitte, der Brauch
la mala costumbre	*die Unsitte*
como de costumbre	*wie gewöhnlich*
crecer (zc)	wachsen, zunehmen
creer/creerse	glauben, meinen, halten für/sich etw einbilden
creer en Dios	*an Gott glauben*
el criado	der Diener
criar	er-, aufziehen; erschaffen; verursachen
un niño mal criado	*ein ungezogenes Kind*
el crimen	das Verbrechen, Vergehen
el cristal	das Kristall, Glas; die Fensterscheibe
cristiano, a/el cristiano	christlich/der Christ
criticar	kritisieren; ein Urteil abgeben
el cruce	die (Straßen-)Kreuzung
cruel adj	grausam, mitleidlos
la cruz	das Kreuz; *fig* Leid
la Cruz Roja	*das Rote Kreuz*
cruzar	kreuzen, überqueren
el cuaderno	das (Schul-)Heft
el cuadro	das Bild, Gemälde; der Rahmen
¿cuál?/el cual, la cual, lo cual rel prn	welcher? was für ein?/der, die, das *rel prn*
cualquier, a	irgendein
¿cuándo?/cuando	wann?/wenn, als
¿cuánto, a?/cuanto	wieviel?/alles, was
¿a cuántos estamos?	*den wievielten haben wir heute?*
en cuanto a	*was ... betrifft*
cuanto antes	*möglichst bald*
cuanto más tanto mejor	*je mehr desto besser*
cuarenta	vierzig
cuarto, a	vierte(r, s)
el cuarto	das Viertel; Zimmer
un cuarto de baño	*ein Badezimmer*
un cuarto de hora	*eine Viertelstunde*
cuatro	vier
cuatrocientos, as	vierhundert
cubrir (cubierto)	(zu)decken
cubrir una distancia	*eine Entfernung zurücklegen*
cubrirse	*den Hut aufsetzen*
la cuchara	der (Suppen-)Löffel
la cucharilla	der Tee-, Kaffeelöffel
el cuchillo	das Messer

el cuello	der Hals, Flaschenhals; Kragen
la cuenta	die Rechnung; das Konto
por cuenta de	*auf Rechnung von*
por cuenta propia	*auf eigene Rechnung*
sacar la cuenta	*ausrechnen*
tomar en cuenta	*berücksichtigen*
darse cuenta de uc	*etw bemerken*
el cuento	die Erzählung, Geschichte
un cuento de nunca acabar	*eine endlose Geschichte*
el cuero	die (Tier-)Haut; das Leder
en cueros	*nackt*
el cuerpo	der Körper, Leib; Leichnam; das Korps
el cuerpo docente	*der Lehrkörper*
cuerpo a cuerpo	*Mann gegen Mann*
en cuerpo y alma	*mit Leib und Seele*
la cuestión	die Frage, das Problem; die Sache
el cuidado	die Sorgfalt; Vorsicht, Aufmerksamkeit
sin cuidado	*unbesorgt*
un hombre de cuidado	*ein gefährlicher Mensch*
tener cuidado	*achtgeben*
¡cuidado!	*Achtung!*
cuidar (de)	pflegen, versorgen; sorgen für
cuidarse de	*sich in acht nehmen vor*
la culpa	die Schuld, das Verschulden
echar la culpa a up	*jdm die Schuld geben*
tener la culpa de	*schuld sein an*
cultivar	an-, bebauen; züchten *(Pflanzen); fig* pflegen
culto, a	gebildet, gesittet
el culto	der Gottesdienst; Kult
la cumbre	der Gipfel
el cumpleaños	der Geburtstag
cumplir	ausführen, erfüllen
cumplir con sus deberes	*seine Pflicht erfüllen*
voy a cumplir 50	*ich werde 50*
el/la cura	der Geistliche, Pfarrer/die Kur
curar tr/itr	behandeln/genesen, heilen
la curiosidad	die Neugier; Sehenswürdigkeit
el curso	der Lauf, Gang; Lehrgang; die Vorlesung
cuyo, cuya/¿cúyo? ¿cúya?	dessen, deren/wessen?

CH

charlar	plaudern, schwatzen
el cheque	der Scheck
chico, a/el chico	klein/der kleine Junge
el chiste	der Witz, Scherz
dar en el chiste	*den Witz verstehen*
el chocolate	die Schokolade
el choque	der (Zusammen-)Stoß, Aufprall

D

el daño	der Schaden
hacer daño	*Schaden zufügen/anrichten*
hacerse daño	*sich weh tun*
dar (doy, di, dé)	geben
dar una fiesta	*ein Fest veranstalten*
dar un paseo	*einen Spaziergang machen*
dar saludos	*Grüße ausrichten*
dar frutas/dar fruto	*Früchte tragen/*fig
dar las cuatro	*vier Uhr schlagen*
dar a la calle	*auf die Straße gehen* (Zimmer)
dar en el suelo	*hinfallen*
dar con up	*mit jdm zusammentreffen*
dar a conocer uc	*etw bekanntmachen*
darse por ofendido	*beleidigt sein*
dar en la cara (sol)	*ins Gesicht scheinen* (Sonne)
me da lo mismo	*mir ist es gleich*
darse (bien) con up	*sich (gut) mit jdm verstehen*
de	von, aus *(Herkunft, Material)*
la casa de mis padres	*das Haus meiner Eltern*
la mesa es de madera	*der Tisch ist aus Holz*
un vaso de cerveza	*ein Glas Bier*
saber uc de memoria	*etw auswendig wissen*
de repente	*plötzlich*
de noche	*nachts*
de niño	*als Kind*
trabajar de carpintero	*als Zimmermann arbeiten*
de veras	*im Ernst, wirklich*
debajo adv	unten, unterhalb
debajo de prp	*unter*
deber/el deber	schulden; müssen, sollen/die Pflicht
los deberes	*die Hausaufgaben*

él debe ir a la policía	*er muß zur Polizei gehen* (Verpflichtung)
debe de hacer frío	*es muß kalt sein* (Vermutung)
esto no se debe hacer	*das darf man nicht tun*
débil adj	schwach, kraftlos
decidir	entscheiden
décimo, a	zehnte(r, s)
decir (digo, dije, diré, dicho)	sagen
decir para sí	*im stillen hersagen*
por decirlo así	*sozusagen*
dice que sí	*er stimmt zu*
esto quiere decir	*das bedeutet*
declarar	aussagen, erklären; deklarieren *(Zoll)*
dedicar/dedicarse a uc	widmen/sich einer Sache widmen, hingeben
el dedo	der Finger; die Zehe
el dedo índice	*der Zeigefinger*
el defecto	der Fehler, Mangel, Charakterfehler
defender/defenderse de uc (ie)	verteidigen; beschützen/sich vor etw schützen
la defensa	die Verteidigung
dejar	(weg-, ver)lassen
dejar para más tarde	*für später aufheben*
¡no deje de hacerlo!	*versäumen Sie nicht, es zu tun!*
no deja de llover	*es regnet ununterbrochen*
delante adv	vorn, voran
delante de la casa prp	*vor dem Haus*
delgado, a	dünn, schlank
delicado, a	zart, feinfühlig, köstlich
delicioso, a	köstlich, delikat; reizend
lo demás/los demás	das übrige/die anderen
estar de más	*überflüssig sein*
por lo demás	*übrigens*
demasiado, a adj/adv	zuviel/zu sehr, übermäßig
es demasiado caro	*es ist zu teuer*
demorar	verzögern
demostrar (ue)	beweisen, darlegen
dentro adv	darin, drinnen
por dentro	*innerhalb, von innen*
dentro de la casa prp	*im Haus*
depender de	abhängen von
el deporte	der Sport
derecho, a	rechte(r, s); gerade, aufrecht
la derecha	die rechte Hand, Rechte

a la derecha	*rechts*
el derecho	das Recht
tener derecho a uc	*Anspruch auf etw haben*
derramar	vergießen, -schütten
derramar sangre	*Blut vergießen*
desaparecer (zc)	verschwinden
desarrollar	entwickeln *(a. Film)*
países en vías de desarrollo	*Entwicklungsländer*
desayunar	frühstücken
el desayuno	das Frühstück
descansar	ausruhen, rasten, sich erholen
descender (ie)	herab-, hinunter-, aussteigen; herunterholen
descender el río	*stromabwärts fahren*
descender de españoles	*von Spaniern abstammen*
desconocido, a	unbekannt
describir *cf* escribir	beschreiben
descubrir/descubrirse *cf* cubrir	auf-, entdecken, finden/den Hut abnehmen
descuidar tr/itr	vernachlässigen/sorglos sein
¡descuide!	*seien Sie ohne Sorge!*
desde	seit, von ... an
desde niño	*von Jugend auf*
desde hace un año	*seit einem Jahr*
desde aquí	*von hier aus*
el desdén	die Geringschätzung, Verachtung
desear	wünschen; verlangen; mögen
desear buena suerte a up	*jdm viel Glück wünschen*
desempeñar	ausführen
desempeñar un papel	*eine Rolle spielen* theat
desengañar/desengañarse	enttäuschen/enttäuscht werden
el deseo	der Wunsch; das Verlangen
desesperar tr/itr	zur Verzweiflung bringen/verzweifeln
la desgracia	das Unglück, Mißgeschick
por desgracia	*leider*
deshacer *cf* hacer	auflösen, -machen; *fig* vernichten
desierto, a/el desierto	öde, leer/die Wüste, Einöde
designar	bezeichnen, bestimmen, ernennen
deslizar	ausrutschen, -gleiten
desmayarse	ohnmächtig werden
desnudo, a	nackt
el desorden	die Unordnung, das Durcheinander
despacio adv	langsam, sachte
andar despacio	*langsam gehen/fahren*

el despacho	die Abfertigung; das Geschäftszimmer
el despacho de billetes	*der Fahrkartenschalter*
el despacho de equipajes	*die Gepäckabfertigung*
despedir/despedirse *cf* pedir	verabschieden, entlassen/Abschied nehmen
despedir a un empleado	*einen Angestellten entlassen*
despertar/despertarse	(er)wecken, wachrufen/aufwachen
despreciar	geringschätzen, verachten, -schmähen
después adv	nachher, später, danach
hasta después	*bis gleich*
después de la comida prp	*nach dem Essen*
destinar	bestimmen, zuweisen
el destino	das Schicksal; Ziel, der Bestimmungsort
destruir (y)	zerstören, vernichten
el detalle	die Einzelheit; der Einzelhandel
detener *cf* tener	verhaften, festnehmen; zurück-, aufhalten
determinar	bestimmen, festsetzen, -stellen
determinar hacer uc	*beschließen, etw zu tun*
determinarse a uc	*sich zu etw entschließen*
detrás adv	hinten, zurück
por detrás	*von hinten*
detrás de la casa prp	*hinter dem Haus*
uno detrás de otro	*hintereinander*
la deuda	die (Geld-)Schuld
devolver *cf* volver	zurückgeben
el día	der Tag
al día siguiente, al otro día	*am nächsten Tag*
cada día	*täglich*
de día	*tagsüber*
de día en día	*von Tag zu Tag*
el otro día	*neulich*
hoy en día	*heutzutage*
todos los días	*täglich, jeden Tag*
día tras día	*Tag für Tag*
un día	*eines Tages*
un día sí y otro no	*jeden zweiten Tag*
¡buenos días!	*guten Tag! guten Morgen!*
el diablo	der Teufel
el diálogo	das Zwiegespräch, der Dialog
diario, a	täglich
el diario	das Tagebuch; die (Tages-)Zeitung

el diario hablado	*die Nachrichten* (Radio)
dibujar	zeichnen
el diccionario	das Wörterbuch, Lexikon
diciembre	Dezember
dictar	diktieren, gebieten
la dicha	das Glück
por dicha	*zum Glück*
el diente	der Zahn; Zacken
diez	zehn
difamar	verleumden, in Verruf bringen
la diferencia	die Verschiedenheit, der Unterschied; Streit
a diferencia de	*zum Unterschied von*
diferente de	verschieden von
difícil adj	schwer, schwierig; peinlich
la dificultad	die Schwierigkeit
poner dificultades	*Schwierigkeiten machen*
digno, a (de)	wert, würdig + *gen*
la diligencia	der Fleiß; Eifer; die Sorgfalt
el dinero	das Geld
ganar dinero	*Geld verdienen*
Dios/un dios	Gott/ein Gott
¡vaya con Dios!	*gehen Sie mit Gott! auf Wiedersehen!*
la dirección	die Leitung, Führung; Richtung; Adresse
directo, a	gerade, direkt
dirigir/dirigirse a	richten, lenken, leiten/sich wenden an
el disco	der Diskus, die Scheibe; Schallplatte
disculpar	entschuldigen
el discurso	die Rede
pronunciar un discurso	*eine Rede halten*
discutir (sobre)	diskutieren (über), besprechen
disfrutar de uc	etw genießen
el disgusto	der Widerwille, Verdruß, die Mißstimmung
a disgusto	*mit Widerwillen*
disminuir (y)	vermindern, -kleinern, -ringern; nachlassen, abnehmen
el disparate	der Unsinn, die Dummheit
dispensar (de)	befreien (von); entschuldigen
¡dispense!	*Entschuldigung!*

disponer *cf* poner	(an)ordnen, herrichten; verfügen über
¡disponga de mí!	*verfügen Sie über mich!*
disputar	streiten
disputarse uc	*sich um etw streiten*
la distancia	die Entfernung, der Abstand
a distancia	*in der Entfernung*
distante (de) adj	entfernt, verschieden (von)
distinguir/distinguirse	unterscheiden/sich auszeichnen
distinto, a	verschieden; deutlich
hablar distinto	*deutlich sprechen*
diversos pl	mehrere, verschiedene
divertir/divertirse (ie, i)	ablenken, unterhalten/sich amüsieren
dividir	(ab-, ver)teilen
divino, a	göttlich, himmlisch, wunderbar
doblar	verdoppeln; biegen, beugen; falten
doblar la esquina	*um die Ecke biegen*
doble/el doble	doppelt/das Doppelte
doce	zwölf
la docena	das Dutzend
el doctor	der Doktor, Arzt
el documento	die Urkunde, das Schriftstück, Dokument
doler/dolerse de (ue)	wehtun, schmerzen/klagen über
el dolor	der Schmerz; die Betrübnis
dominar	beherrschen, überragen, vorherrschen
domingo/el domingo	Sonntag/am Sonntag
el don	die Gabe
don/doña	Herr *(+ Vorname)*/Frau *(+ Vorname)*
¿dónde?/donde	wo?/wo
¿de dónde?	*woher?*
dormir/dormirse (ue, u)	schlafen/einschlafen
dos	zwei
doscientos, as	zweihundert
la duda	der Zweifel
sin duda	*ohne Zweifel*
dudar (de)	bezweifeln, zweifeln (an)
el dueño	der Besitzer, Wirt, Herr
dulce adj	süß, lieblich
durante	während *(Zeit)*
durar	(an-, fort)dauern
duro, a	hart; schwierig; hartherzig
trabajar duro	*schwer arbeiten*

E

echar	(weg)werfen, -schütten
echar café	*Kaffee eingießen*
echar raíces	*Wurzeln schlagen*
echar dientes	*Zähne bekommen*
echar maldiciones	*Flüche ausstoßen*
echar gasolina	*(Benzin) tanken*
echar abajo	*niederreißen*
echar de menos	*vermissen*
echar de ver	*bemerken; einsehen*
echar a correr	*anfangen zu laufen, losrennen*
echarse	*sich hinlegen*
la edad	das (Zeit-)Alter
le Edad Media	*das Mittelalter*
el edificio	das Gebäude, Bauwerk
la educación	die Erziehung; das Benehmen
la educación física	*das Turnen, die Leibesübungen*
no tener educación	*schlecht erzogen sein*
el efecto	die Wirkung, das Ergebnis
llevar a efecto	*zustande bringen*
hacer mal efecto	*einen schlechten Eindruck machen*
ejecutar	ausführen, vollstrecken; hinrichten
el ejemplo	das Beispiel, Vorbild
por ejemplo	*zum Beispiel*
ejercer	ausüben
el ejercicio	die (Aus-)Übung
el ejército	das Heer
el art/**él** prn	der/er
eléctrico, a	elektrisch
elegante adj	elegant, vornehm
elegir (i)	wählen
el elemento	der Grundstoff, das Element; der Grundbegriff
elevar	(empor-, er)heben
ella/ellas	sie *f sing/f pl*
ello/ellos	es/sie *m pl*
el embajador	der Botschafter
embarcar/embarcarse	verladen/sich einschiffen
eminente adj	hervorragend
la emisión	die Ausgabe *(Wertpapiere);* Sendung *(Radio)*
empeñarse(en)	sich versteifen auf
empeñar su palabra	*sein Wort geben*

empeñarse en uc	*sich zu etw verpflichten*
empezar (ie)	beginnen, anfangen
el empleado	der Beamte; Angestellte
emplear	anwenden, verwenden; beschäftigen
el empleo	die Anwendung, der Gebrauch; das Amt; die Stelle, Anstellung
emprender	unternehmen
la empresa	die Unternehmung, das Unternehmen
empujar	stoßen, schieben
¡empuje!	*drücken!* (Tür)
en	in, an, auf, bei
en alemán	*auf deutsch*
en serio	*im Ernst*
en todas partes	*überall*
beber en un vaso	*aus einem Glas trinken*
creer en Dios	*an Gott glauben*
rico en	*reich an*
en seguida	*sofort*
en vano	*vergeblich*
enamorarse de	sich verlieben in
encantado, a	entzückt, sehr zufrieden, sehr erfreut
encantado de conocerle	*es freut mich, Sie kennenzulernen!*
encargar/encargarse de uc	beauftragen; anvertrauen/etw übernehmen
encender (ie)	an-, entzünden
encerrar (ie)	einschließen, -sperren
encima adv	oben, darauf, auf, über
encima de la mesa prp	*auf dem Tisch*
por encima de su capacidad	*über seine Fähigkeit (hinaus)*
encontrar (ue)	treffen, begegnen; finden
el encuentro	die Begegnung, das Treffen
ir al encuentro de up	*jdm entgegengehen*
enemigo, a/el enemigo	feindlich/der Feind
la energía	die Energie, Tatkraft
enero	Januar
la enfermedad	die Krankheit
enfermo, a	krank
estar enfermo (de peligro)	*(schwer) krank sein*
enfrente (del banco)	gegenüber (der Bank)
engañar/engañarse	betrügen, täuschen/sich täuschen
si no me engaño	*wenn ich mich nicht irre*
el engaño	der Betrug, die Täuschung
enojar/enojarse	erzürnen, ärgern, kränken/sich ärgern

enojarse con up	*auf jdn böse sein*
el enojo	der Ärger, Zorn
enorme adj	ungeheur, enorm
enriquecer/enriquecerse (zc)	bereichern/reich werden, sich bereichern
la ensalada	der Salat
enseñar	lehren, unterrichten; zeigen
entender (ie)	begreifen, verstehen
enterarse de uc	sich über etw informieren, etw erfahren
entero, a (nachgestellt)	ganz
el día entero	*den ganzen Tag*
por entero	*vollständig, gänzlich*
enterrar (ie)	be-, vergraben
entonces	damals; dann, da
desde entonces	*seit damals*
la entrada	der Eingang, -tritt, -zug; die Einfahrt; Eintrittskarte
entrar	eintreten, hineingehen, -kommen, -fahren, -ziehen
entrar en cólera	*in Zorn geraten*
entrar en contacto con	*Fühlung aufnehmen mit*
me entra miedo	*ich bekomme Angst*
no me entra el latín	*das Latein geht mir nicht ein*
entre	zwischen, unter
entre las cinco y las seis	*zwischen fünf und sechs (Uhr)*
entre tú y yo	*zwischen uns beiden*
entre semana	*die Woche über*
entregar	abliefern, aushändigen
entretanto	inzwischen, unterdessen
entretener/entretenerse con *cf* tener	auf-, hin-, unterhalten/sich unterhalten mit
el entusiasmo	die Begeisterung
enviar (í)	(ab)senden, verschicken
la envidia	der Neid
envidiar	beneiden; neidisch sein
le envidio su talento	*ich beneide Sie um Ihr Talent*
envolver *cf* volver	einwickeln
la época	der Zeitraum, die Zeit, Epoche
el equipaje	das (Reise-)Gepäck
el equipaje de mano	*das Handgepäck*
equipar	ausrüsten, ausstatten
el equipo	die Ausrüstung; Mannschaft
equivocar/equivocarse	verwechseln/sich irren

equivocarse en el cálculo	*sich verrechnen*
estar equivocado	*im Irrtum sein*
el error	der Irrtum, Fehler
la escala	die Leiter; der Maßstab
hacer escala	*zwischenlanden*
la escalera	die Treppe; Leiter
el escándalo	das Ärgernis, der Anstoß, Skandal
escaso, a	karg, knapp; knauserig
escapar(se)	entkommen
la escena	die Bühne, Szene; der Auftritt
entrar en escena	*auftreten*
escoger	auswählen, aussuchen
esconder	verstecken, verbergen
escribir (escrito)	schreiben; verfassen
escribir a mano	*mit der Hand schreiben*
el escrito	das Schreiben, Schriftstück
por escrito	*schriftlich*
el escritor	der Schriftsteller
la escritura	das Schreiben; die Schrift; Urkunde
la Sagrada Escritura	*die Heilige Schrift*
escuchar	(an-, zu)hören
la escuela	die Schule; das Schulgebäude
la escuela primaria	*die Volksschule*
ese, esa/ése, ésa, eso	diese(r, s) dort *adj/s*
esforzarse (ue)	sich anstrengen
el esfuerzo	die Anstrengung, Bemühung
sin esfuerzo	*mühelos*
el espacio	der (Zwischen-)Raum, Abstand
la espada	das Schwert, der Degen
la espalda	der Rücken; die Kehrseite
a espaldas de up	*hinter jds Rücken*
por la espalda	*von hinten*
volver las espaldas a up	*jdm den Rücken zukehren*
espantar/espantarse	erschrecken, erstaunen *tr/itr*
español, a	spanisch
el español/la española	*der Spanier/die Spanierin*
esparcir	(aus)streuen
especial adj/**especialmente** adv	besondere(r, s), eigentümlich/besonders
la especie	das Geschlecht, die Art, Gattung
el espejo	der Spiegel
la esperanza	die Hoffnung
esperar	(er)warten, hoffen

espeso, a	dick, dicht, massig
el espíritu	der Geist, die Seele
espléndido, a	prächtig, glänzend
el esposo/la esposa	der Gatte, Ehemann/die Gattin, Ehefrau
la esquina	die Ecke, Straßenecke
establecer (zc)	begründen, errichten; festsetzen
la estación	die Jahreszeit; der Bahnhof
el estado	der Zustand; Rang; Staat
la estancia	der Aufenthalt; das Zimmer; *Argentinien:* die Viehzüchterei
estar (estoy, estuve)	sein, sich befinden
¿qué estás haciendo?	*was tust du da?*
este traje te está bien	*dieser Anzug steht dir gut*
¿cómo está usted?	*wie geht es Ihnen?*
¡está bien!	*gut so!*
estamos a 5 de diciembre	*wir haben den 5. Dezember*
estamos bien con nuestro vecino	*wir stehen gut mit unserem Nachbarn*
está de camarero	*er arbeitet als Kellner*
estar de viaje	*reisefertig/verreist sein*
estar en todo	*alles wissen*
estábamos para hacerlo	*wir waren gerade dabei, es zu tun*
esto está por hacer	*das muß noch getan werden*
estarse quieto	*ruhig bleiben*
la estatua	die Statue, das Standbild
el este	der Osten
este, esta/éste, ésta, esto	diese(r, s) hier *adj/s*
el estilo	der Stil; die Schreibart
estimar	(ab)schätzen; meinen
el estómago	der Magen
estorbar	stören, (be)hindern
estrecho, a	eng; beschränkt; kleinlich
la estrella	der Stern; Star *(Film)*
estropear	kaputtmachen
el/la estudiante	der Student/die Studentin;
estudiar	studieren, lernen, durcharbeiten
el estudio	das Studium; Studierzimmer; Studio
eterno, a	ewig, immerwährend
evidente adj	augenscheinlich, offenbar
evitar	vermeiden; ausweichen
exacto, a	genau, richtig
exagerar	übertreiben
el examen	die Prüfung, das Examen

examinar	(nach-, über)prüfen, genau betrachten
excelente adj	vortrefflich, ausgezeichnet
la excepción	die Ausnahme
excepto adv	außer, abgesehen von
excitar	an-, erregen, reizen
exclamar	ausrufen
excluir de (y)	ausschließen von
excusar	entschuldigen
exigir	(er)fordern, verlangen
existir	bestehen, dasein, vorhanden sein
el éxito	der Erfolg
la experiencia	die Erfahrung; Probe, der Versuch
experimentar	erproben; erleiden, erfahren
la explicación	die Erklärung
explicar	erklären, darlegen
exponer *cf* poner	darlegen; ausstellen; gefährden; belichten *(Film)*
la exposición	die Ausstellung
expresar	ausdrücken, äußern
la expresión	der Ausdruck; die Formel *(Mathematik)*
exquisito, a	vortrefflich, auserlesen
extender (ie)	aus-, verbreiten, ausdehnen, erweitern
la extensión	die Ausdehnung, der Umfang
exterior adj	äußere(r, s)
la política exterior	*die Außenpolitik*
extranjero, a	fremd, ausländisch
el extranjero	der Ausländer; das Ausland
extrañarse de	erstaunt/verwundert sein über
extraño, a	fremd, sonderbar, seltsam
extraordinario, a	außergewöhnlich, -ordentlich
extremo, a/el extremo	äußerste(r, s)/das Ende *(örtlich)*

F

la fábrica	die Fabrik
fácil adj	leicht (zu tun)
facilitar	ermöglichen, beschaffen
la falda	der (Frauen-)Rock; Abhang
falso, a	falsch, unecht

la falta	der Fehler, Mangel
por falta de	*mangels*
hacer falta	*nötig sein*
no me hace falta	*ich brauche (es) nicht*
faltar	fehlen; versäumen
faltar a clase	*den Unterricht versäumen*
faltar a su deber	*seine Pflicht versäumen*
la fama	der Ruhm, Ruf; das Gerücht
una mala fama	*ein schlechter Ruf*
la familia	die Familie, Verwandtschaft
familiar adj	zur Familie gehörig; vertraut, bekannt
familiarizar (se con)	(sich) vertraut machen (mit)
famoso, a	berühmt; berüchtigt
la fantasía	die Einbildungskraft, Phantasie
fantástico, a	phantastisch, wunderlich
la farmacia	die Apotheke
fatal adj	verhängnisvoll; unabwendbar
el favor	die Gunst, Gefälligkeit
en favor de	*zugunsten von*
¡por favor!	*bitte!*
favorecer (zc)	begünstigen, fördern
la fe (en)	der Glaube (an), das Vertrauen (zu)
febrero	Februar
la fecha	das Datum; der Termin
la felicidad	die Glückseligkeit, das Glück
¡muchas felicidades!	*herzliche Glückwünsche!*
felicitar (por)	beglückwünschen, gratulieren (zu)
feliz adj	glücklich
¡Feliz Año Nuevo!	*ein glückliches neues Jahr!*
femenino, a	weiblich
feo, a	häßlich; unangenehm
el ferrocarril	die Eisenbahn
fértil adj	fruchtbar
fiarse de up (í)	jdm vertrauen
la fiebre	das Fieber
fiel adj	treu, zuverlässig
la fiesta	das Fest, der Feiertag; Stierkampf
hacer fiesta	*feiern; schulfrei haben*
la figura	die Figur, Gestalt
figurar/figurarse	darstellen; vorkommen/sich vorstellen
no puede usted figurarse	*Sie können sich nicht vorstellen*

fijar/fijarse en	befestigen, festsetzen, anheften/achten auf, aufpassen auf
fijar carteles	*Plakate anschlagen*
¡fíjese en este cuadro!	*achten/schauen Sie (einmal) auf dieses Bild!*
fijo, a	fest, unbeweglich
la fila	die Reihe
en fila india	*im Gänsemarsch*
el fin	das Ende, Ziel; der Zweck
el fin de semana	*das Wochenende*
dar fin a uc	*etw vollenden*
por fin	*endlich*
a fin de + inf	*um zu*
a fin de que + subj	*damit*
a fines de mayo	*Ende Mai*
fingir	vortäuschen, vorgeben
finge hacerlo	*er gibt vor, es zu tun*
fingirse enfermo	*sich krank stellen*
fino, a	fein, dünn; zärtlich
la firma	die Unterschrift
firmar	unterschreiben, -zeichnen
firme adj	fest, standhaft, sicher
¡firmes!	*Stillgestanden!* mil
físico, a	physikalisch; physisch, körperlich
la flor	die Blume; Blüte
a flor de agua	*dicht über dem Wasser*
florecer (zc)	blühen
flotar	schwimmen, treiben; *(in der Luft)* schweben
el fondo	der Grund, Boden; Fonds
a fondo	*gründlich*
la forma	die Form, Gestalt
bajo forma de	*in Gestalt von*
en debida forma	*ordnungsgemäß*
estar en forma	*in Form sein*
formar/formarse	formen, bilden, gestalten/sich ausbilden
formar parte de	*gehören zu*
formidable adj	toll, enorm
la fortuna	das Schicksal, Geschick; Glück; Vermögen
por fortuna	*glücklicherweise*
probar fortuna	*sein Glück versuchen*
forzar (a) (ue)	zwingen (zu); erzwingen

el fósforo	der Phosphor; das Zünd-, Streichholz
la fotografía	die Photographie, Aufnahme, das Lichtbild
francés, francesa	französisch
el francés/la francesa	*der Franzose/die Französin*
el franqueo	das Frankieren
frecuente adj	häufig
freír (i)	braten, rösten
la frente/el frente	die Stirn/Vorderseite; Front
de frente	*von vorn*
en frente adv	*gegenüber*
frente a prp	*gegenüber*
fresco, a/el fresco	kühl, frisch; frech/die Kühle, Frische
tomar el fresco	*frische Luft schöpfen*
frío, a	kalt
coger frío	*sich erkälten*
tener frío	*frieren*
el frío	die Kälte, der Frost
la frontera	die Grenze *(politisch)*
frotar	reiben; scheuern
la fruta/el fruto	das Obst, die Frucht/der Nutzen, Ertrag
el fuego	das Feuer, der Brand
poner fuego a uc	*etw in Brand stecken*
la fuente	die Quelle; der Springbrunnen; Ursprung
fuera adv	(dr)außen, auswärts
por fuera	*von außen*
fuera de prp	*außer, außerhalb*
fuera de eso	*außerdem*
fuera de tiempo	*zur Unzeit*
fuerte adj	stark, kräftig; laut *adv*
la fuerza	die Kraft, Gewalt, Macht, Stärke
fuerza mayor	*höhere Gewalt*
por fuerza	*notgedrungen*
a fuerza de leer	*durch vieles Lesen*
hacer fuerzas	*sich anstrengen*
fumar	rauchen
funcionar	funktionieren, gehen, in Betrieb sein
el fundamento	die Grundlage, das Fundament
fundar	(be)gründen
el fútbol	das Fußballspiel
futuro, a/el futuro	künftig/die Zukunft
en el futuro	*in (der) Zukunft*

G

las gafas	die Brille
la gallina	das Huhn, die Henne
el gallo	der Hahn
la gana	die Lust, der Wunsch; Appetit
de buena gana	*gern*
no me da la gana	*ich habe keine Lust*
no tengo ganas de hacerlo	*ich habe keine Lust, es zu tun*
el ganado	das Vieh
ganar	gewinnen, verdienen *(Geld)*
ganarse la vida	*sein Brot verdienen*
el garaje	die Garage
la garganta	die Kehle; Schlucht
la gasolina	das Benzin
gastar	ausgeben; verbrauchen
gastar vestidos	*Kleider abtragen*
el gato	die Katze, der Kater; Wagenheber
general adj	allgemein
en general	*im allgemeinen*
el general	der General
el género	die Gattung, das Geschlecht, die Art
el género humano	*das Menschengeschlecht*
generoso, a (para con)	großzügig, edelmütig, freigebig
el genio	der Geist, Genius, das Wesen; Genie
la gente	die Leute, das Volk
la gente bien	*die reichen Leute*
la gente de bien	*die rechtschaffenen Leute*
la gente menuda	*die kleinen Leute* (Kinder)
el gesto	die Geste, Gebärde; Miene
hacer gestos	*Zeichen machen; Fratzen schneiden*
girar	(sich) drehen; kreisen; (Wechsel) ausstellen
el gitano	der Zigeuner
la gloria	der Ruhm, die Herrlichkeit; der Stolz
saber a gloria	*herrlich schmecken*
gobernar	regieren; leiten, steuern
el gobierno	die Regierung
el golpe	der Schlag, Stoß, Hieb
el golpe de estado	*der Staatsstreich*
de golpe	*plötzlich*
la goma	das Gummi, Gummiband
gordo, a	dick, fett

la gota	der Tropfen; die Gicht
una gota	*ein bißchen*
gozar de uc	etw genießen
la gracia/las gracias	die Gnade; Grazie, Anmut; der Witz/Dank
¡tiene gracia!	*wie witzig!*
gracias a su ayuda	*dank seiner Hilfe*
¡muchas gracias!	*vielen Dank!*
dar las gracias	*Dank sagen*
gracioso, a	graziös, anmutig; witzig
el grado	der Grad, Rang, Titel
gran, grande adj	groß; erwachsen; bedeutend
un gran hombre	*ein bedeutender Mann*
un hombre grande	*ein großer Mann* (an Gestalt)
el grano	das Korn; Getreide
la grasa	das Fett, die Schmiere
la gratitud	die Dankbarkeit
grato, a	angenehm, gefällig
grave adj	schwer, ernst, wichtig; feierlich
gris adj	grau
gritar	schreien; ausrufen
el grito	der Schrei, Ruf
dar gritos	*schreien*
el último grito	*der letzte Schrei*
grosero, a	grob, flegelhaft, ungebildet
grueso, a	dick, groß, stark
el grupo	die Gruppe
el guante	der Handschuh
guardar	(auf)bewahren, behalten, hüten; sich hüten vor
guardar cama	*das Bett hüten*
guardar silencio	*Schweigen bewahren*
la/el guardia	die Wache, der Posten/Schutzmann, Polizist
la guerra	der Krieg
el guía/la guía	der (Fremden-)Führer/Leitfaden; Reiseführer
gustar	schmecken, kosten; gefallen
me gusta viajar	*ich reise gern*
si Vd. gusta	*wenn es Ihnen zusagt/recht ist*
el gusto	der Geschmack; das Vergnügen, Gefallen (an etw)
¡con mucho gusto!	*sehr gern!*
da gusto + inf	*es ist eine Freude, zu* + inf

H

haber (he, hemos, hube, haya)	haben *Hilfsverb*
hemos de partir	*wir müssen/sollen abreisen*
mucho ha que	*es ist lange her, seit*
la habitación	das Zimmer
habitar tr/itr	bewohnen/wohnen
el hábito	die Gewohnheit
hablar con/de	reden, sprechen mit/über
hacer (hago, hice, haré, hecho)	machen, tun; herstellen
hacer falta	*fehlen; benötigen*
hacer una visita	*einen Besuch abstatten*
hacer negocio	*ein (gutes) Geschäft machen*
hace frío/calor	*es ist kalt/warm*
hace buen/mal tiempo	*es ist schönes/schlechtes Wetter*
hace tres años	*vor drei Jahren*
hacerse famoso	*berühmt werden*
hacerse a uc	*sich an etw gewöhnen*
se hace tarde	*es wird spät*
¡hágame el favor de venir!	*bitte, kommen Sie!*
hacia	nach *(Ort)*; gegen *(Zeit)*
hacia adelante	*nach vorn*
hacia allá/aquí	*dorthin/hierher*
hacia atrás	*rückwärts*
hacia las cinco	*gegen fünf (Uhr)*
la hacienda	das Landgut, die Farm; das Vermögen
el Ministerio de Hacienda	*das Finanzministerium*
hallar/hallarse	finden/sich befinden
el hambre f	der Hunger
matar el hambre	*den Hunger stillen*
tener hambre	*Hunger haben*
la harina	das Mehl; Pulver
harto, a adj/**harto** adv	überdrüssig/genug, ziemlich
estoy harto	*ich habe es satt*
hasta prp/adv	bis/sogar
hasta aquí	*bis hierher*
¿hasta cuándo?	*wie lange?*
¡hasta la vista!	*auf Wiedersehen!*
¡hasta luego!	*bis gleich/nachher!*
hasta que conj	*bis*
hay/hay que	es gibt, da ist, da sind/man muß

hay que trabajar	*man muß arbeiten*
no hay más que venir	*man braucht nur zu kommen*
¿qué hay?	*was gibt's? was ist los?*
¡no hay de qué!	*keine Ursache! bitte!*
no hay quien lo sepa	*es gibt niemanden, der es weiß*
hecho, a	getan, vollendet
hecho a mano	*handgemacht*
¡bien hecho!	*gut so!*
está hecho para artista	*er ist zum Künstler geboren*
está hecho un ladrón	*er ist zum Dieb geworden*
el hecho	die Tat(sache)
helado, a/el helado	gefroren, eiskalt/das Speiseeis
la hembra	das Weib(chen)
heredar uc	etw erben
la herida	die Wunde, Verletzung
herir (ie, i)	verwunden, verletzen; beleidigen
el hermano/la hermana	der Bruder/die Schwester
los hermanos	*die Geschwister, Gebrüder*
hermoso, a	schön
la hermosura	die Schönheit
el héroe	der Held
heroico, a	heroisch, heldenmütig
hervir (ie, i)	abkochen; kochen *itr*
el hielo	das Eis; der Frost
la hierba (*a.* **yerba)**	das Gras, Kraut
mala hierba	*Unkraut*
el hierro	das Eisen
el hijo/la hija	der Sohn, das Kind/die Tochter
el hilo	der Faden, das Garn
la historia	die Geschichte, Erzählung
el hogar	der Herd, das Heim
la hoja	das Blatt, der Bogen (Papier); die Klinge
la hoja de afeitar	*die Rasierklinge*
el hombre	der Mann; Mensch
el hombro	die Schulter
hondo, a	tief
el honor	die Ehre
honrar	(be)ehren
la hora	die Stunde; Zeit
¡venga a la hora!	*kommen Sie pünktlich!*
¿qué hora es?	*wieviel Uhr ist es?*
el horario	der Stunden-, Fahrplan; Stundenzeiger

horrible adj	schrecklich, gräßlich
el hospital	das Krankenhaus
el hotel	das Hotel
hoy	heute
hoy día	*heutzutage*
hoy mismo	*heute noch*
de hoy en adelante	*von heute an*
el huerto/la huerta	der Baumgarten/das Gemüse-, Gartenland
el hueso	der Knochen; Kern *(im Obst)*
el huésped	der Gast; Gastwirt *lit*
el huevo	das Ei
el huevo pasado por agua	*das weichgekochte Ei*
huir (y)	fliehen; (ver)meiden
humano, a	menschlich, human
húmedo, a	feucht
humilde adj	demütig, bescheiden
el humo	der Rauch, *fig* die Eitelkeit
tener muchos humos	*eingebildet sein*
el humor	die Laune; der Humor
estar de mal humor	*schlechter Laune sein*
hundir/hundirse	versenken/versinken

I

la idea	die Idee, Vorstellung; der Gedanke, Einfall
no tengo idea	*ich habe keine Ahnung*
la iglesia	die Kirche
ignorar	nicht wissen; nicht kennen
no ignorar	*wohl wissen*
igual adj	gleich(mäßig, -förmig)
sin igual	*unvergleichlich*
me es igual	*mir ist es gleich*
iluminar	beleuchten
la ilusión	die Illusion, Täuschung, der Wahn
ilustrado, a	illustriert; gebildet
ilustre adj	berühmt, erlaucht
la imagen	das Bild(nis), Ebenbild
imaginar/imaginarse	ausdenken, ersinnen/sich vorstellen
imitar	nachahmen, -machen, -bilden, imitieren
impedir *cf* pedir	hemmen, (ver)hindern

impedir el paso	*den Weg versperren*
el imperio	das (Kaiser-)Reich, die Herrschaft
imponer/imponerse *cf* poner	auferlegen, aufzwingen; *fig* beeindrucken/sich durchsetzen
importante adj	wichtig, bedeutend
importar	importieren, einführen; wichtig sein
importa que	*es ist wichtig, daß*
¡no importa!	*das macht nichts!*
¿qué importa?	*was liegt daran?*
imposible adj	unmöglich
la impresión	der Eindruck; Abdruck
causar impresión	*Eindruck machen*
imprimir (impreso)	(ab)drucken; *fig* einprägen
el impuesto	die Steuer, Abgabe
el impulso	der Stoß, (An-)Trieb, die Anregung
inclinar/inclinarse	neigen, beugen/sich verbeugen
incluir (y)	einschließen, einbeziehen
independiente adj	unabhängig
indicar	anzeigen, angeben
la industria	die Industrie; das Gewerbe; der Fleiß
infeliz	unglücklich
inferior adj	untere(r, s), niedere(r, s); unterlegen; minderwertig
la influencia (sobre, en)	der Einfluß (auf)
la información	die Information, Erkundigung; Auskunft
informar/informarse	informieren, unterrichten/sich erkundigen
el informe	der Bericht
el ingeniero	der Ingenieur
inglés, inglesa	englisch
el inglés/la inglesa	*der Engländer/die Engländerin*
inmediato, a	unmittelbar; unverzüglich
inmenso, a	unermeßlich, ungeheuer
inocente adj	unschuldig, harmlos
inquieto, a	unruhig
insistir en uc	auf etw dringen; beharren/bestehen [auf
inspirar	einatmen; *fig* inspirieren
el instante	der Augenblick
al instante	*sogleich*
el instrumento	das Instrument; Werkzeug
insultar	beschimpfen, beleidigen
inteligente adj	intelligent, einsichtig, klug
la intención	die Absicht, der Zweck

tener la intención de hacer uc	*die Absicht haben, etw zu tun*
intentar (hacer uc)	versuchen (etw zu tun)
el interés	das Interesse, die Anteilnahme; der Nutzen; Zins
interesante adj	interessant, anziehend, spannend
interesar/interesarse por [uc	interessieren/sich für etw interessie- [ren
interior adj/**el interior**	innere(r, s)/das Innere
interrumpir	unterbrechen
íntimo, a	innerst, vertraut, intim
introducir (zc, j)	einführen
inventar	erfinden, ersinnen
el invierno	der Winter
invitar (a)	einladen, auffordern (zu)
ir (voy, id, iba, fui, vaya)	gehen; fahren; stehen *(Kleid)*; führen *(Weg)*
va mejorando	*es geht langsam besser*
voy a hacerlo	*ich mache es gleich*
¡vamos a buscarlo!	*gehen wir ihn abholen!*
ir a caballo	*reiten*
ir a pie	*zu Fuß gehen*
ir de compras	*einkaufen gehen*
ir de paseo	*spazierengehen*
ir de viaje	*verreisen*
ir para viejo	*alt werden*
¡nada te va en esto!	*das geht dich nichts an!*
irse	*weggehen, -fahren*
la ira	der Zorn, die Wut
la isla	die Insel
izquierdo, a	linke(r, s)
la izquierda	die linke Hand, Linke
a la izquierda	*links*

J

el jabón	die Seife
jamás	niemals; jemals
el jardín	der Garten
el jefe	der Vorsteher, Leiter, Chef
joven adj/**el joven/la joven**	jung/der junge Mann/das junge Mädchen
la joya	das Juwel, Kleinod
el juego	das Spiel; der Satz, die Garnitur
el juego de pelota	*das Ballspiel*

el juego de cama	*die Garnitur Bettwäsche*
jueves/el jueves	Donnerstag/am Donnerstag
el juez	der Richter
jugar (ue)	spielen, scherzen
jugar al fútbol	*Fußball spielen*
el jugo	der Saft; die Brühe
el juguete	das Spielzeug
el juicio	die Urteilskraft, das Urteil, die Meinung
perder el juicio	*den Verstand verlieren*
julio	Juli
junio	Juni
juntar	versammeln; zusammenfügen
junto a prp	neben, bei + *dat*
jurar	schwören; fluchen
la justicia	die Gerechtigkeit; Justiz
hacer justicia a up	*jdm Gerechtigkeit widerfahren lassen*
justo, a	gerecht, richtig, genau; eng *(Kleid)*
la juventud	die Jugend
juzgar	richten, beurteilen

K

el kilo(gramo)	das Kilo(gramm)
el kilómetro	der Kilometer

L

la/las art/prn	die *f sing (pl)*/sie *acc f sing (pl)*
el labio	die Lippe
la labor	die (Hand-, Feld-)Arbeit
el labrador	der Bauer, Landmann
el lado	die Seite
al otro lado de	*jenseits* + gen
al lado	*daneben, nebenan*
por otro lado	*andererseits*
dejar a un lado	*beiseite lassen*
ponerse al lado de up	*sich neben jdn stellen*
el ladrillo	der Backstein, Ziegel(stein)
el ladrón	der Räuber, Dieb
el lago	der See
la lágrima	die Träne

lamentar	bedauern, beklagen
la lámpara	die Lampe; Röhre *(Radio)*
la lana	die Wolle
lanzar	werfen, schleudern; vom Stapel [lassen
el lápiz	der Bleistift
largo, a	lang
a la larga	*auf die Dauer*
a lo largo del río prp	*den Fluß entlang*
la lástima	das Mitleid; Bedauern
me da lástima	*er tut mir leid*
¡qué lástima!	*wie schade!*
lástima que + subj	*schade, daß*
la lata	das Blech; die Blech-, Konserven-büchse
el lavabo	der Waschtisch, -raum, die Toilette
lavar	(ab)waschen, reinigen, spülen
le/les prn	ihm, ihr, Ihnen/ihnen, Ihnen
la lección	die Lektion, Unterrichtsstunde
la lectura	das Lesen, die Lektüre, der Lesestoff
la leche	die Milch
leer	(ab-, ver)lesen
lejos adv	fern, weit weg
a lo lejos	*in der Ferne*
la lengua	die Zunge; Sprache
la lengua materna	*die Muttersprache*
lento, a	langsam, träge
la letra	der Buchstabe, die Type; der Text [*mus*
al pie de la letra	*wörtlich*
levantar/levantarse	auf-, erheben; errichten/aufstehen
leve adj	leicht, geringfügig
la ley	das Gesetz; Gebot
la libertad	die Freiheit
libre adj	frei, ungebunden
el libro	das Buch
el libro de lecturas	*das Lesebuch*
el libro de texto	*das Schulbuch*
la licencia	die Erlaubnis, Genehmigung
ligar	(ver)binden
ligero, a	leicht *(Gewicht)*; leichtsinnig
limitar	be-, einschränken, begrenzen
el limón	die Zitrone
la limosna	das Almosen
limpiar	reinigen, putzen, säubern
limpio, a	rein, sauber

lindo, a	hübsch, nett; *am* schön, ordentlich
él trabaja de lo lindo	*er arbeitet gründlich*
la línea	die Linie, Zeile
la línea aérea	*die Fluglinie*
líquido, a/el líquido	flüssig/die Flüssigkeit
la lista	die Liste, das Verzeichnis
por orden de lista	*nach der Liste*
en lista de correos	*postlagernd*
la lista de platos	*die Speisekarte*
listo, a	klug, schlau; bereit, fertig
la literatura	die Literatur, das Schrifttum
el litro	der Liter
lo art vor adj/**los** art	das/die *m pl*
lo bello	*das Schöne*
lo/los prn	ihn, es *acc*/sie *acc m pl*
debe hacerlo	*er muß es tun*
lo que	*das was*
¡lo que ha crecido!	*wie ist er gewachsen!*
lo de la carta	*das mit dem Brief*
loco, a	wahnsinnig, verrückt, närrisch
la locura	der Wahnsinn, die Verrückt-, Narrheit
lograr + inf	erreichen, erlangen
logró encontrarlo	*es gelang ihm, ihn zu finden*
la lucha	der (Ring-)Kampf, die Bekämpfung
luchar	ringen, streiten, kämpfen
luego	sogleich, nachher; also
hasta luego	*bis nachher*
luego que	*sobald*
desde luego	*selbstverständlich*
el lugar	der Ort, Platz, die Stelle
en lugar de	*anstatt*
en primer lugar	*an erster Stelle*
dar lugar a	*Anlaß geben zu*
tener lugar (Gallizismus)	*stattfinden*
el lujo	der Luxus, Aufwand, die Pracht
la luna	der Mond
la media luna	*der Halbmond*
la luna llena	*der Vollmond*
lunes/el lunes	Montag/am Montag
la luz	das Licht; die Beleuchtung
las luces del tráfico	*die Verkehrsampel*
dar a luz	*zur Welt bringen;* fig *veröffentlichen*
salir a luz	*bekannt werden*

LL

la llama	die Flamme
llamar/llamarse	rufen, nennen; klopfen *(Tür);* heißen *itr*
llamar la atención sobre uc	*auf etw aufmerksam machen*
llamar por teléfono	*anrufen*
¿quién llama?	*wer ist da?*
llano, a	flach, eben
el llano	die Ebene; *am* Prärie
la llave	der (Schrauben-)Schlüssel; Lichtschalter
echar la llave	*zuschließen*
la llegada	die Ankunft, das Eintreffen
llegar	ankommen, eintreffen; einfahren *(Zug);* einlaufen *(Schiff);* kommen *(Zeit)*
llegó a ser un buen escritor	*er wurde ein guter Schriftsteller*
llegar a viejo	*alt werden*
llegaron a un acuerdo	*sie gelangten zu einer Einigung*
llegaron a la cumbre	*sie gelangten (bis) zum Gipfel*
llenar	(aus)füllen
lleno, a	voll
llevar	tragen, hinbringen; mitbringen; bei sich haben *(Geld);* anhaben *(Kleider);* führen *(Bücher; Leben)*
llevar a cabo	*ausführen, vollbringen*
llevar la delantera a up	*jdn übertreffen*
dejarse llevar	*sich gehen lassen*
lleva muchos años en Buenos Aires	*er lebt seit vielen Jahren in Buenos Aires*
me lleva tres años	*er ist drei Jahre älter als ich*
llevarse el premio	*einen Preis gewinnen*
llevarse bien con up	*mit jdm gut auskommen*
llorar tr/itr	beklagen/weinen
llover (ue)	regnen
la lluvia	der Regen

M

el macho	das Männchen, männliches Tier
la madera	das (Bau-)Holz
la madre	die Mutter

la madre patria	*das Mutterland*
maduro, a	reif; reiflich
el maestro	der Meister; Volksschullehrer; Komponist
magnífico, a	prächtig, ausgezeichnet
mal adv	übel, schlecht, unrecht
mal que bien	*recht und schlecht*
de mal en peor	*immer schlimmer*
tomó a mal esta palabra	*er hat dieses Wort übelgenommen*
el mal	das Übel, Leiden
maldecir (maldito) tr/itr	verfluchen/fluchen
la maleta	der Koffer
hacer la maleta	*den Koffer packen*
la malicia	die Boshaftigkeit, Bosheit, Arglist
malo, a	schlecht, böse, übel; unartig *(Kind)*
estar malo	*krank sein*
ser malo con up	*gemein gegen jdn sein*
estar de malas	*Pech haben*
la mancha	der (Schmutz-)Fleck
mandar	befehlen; zuschicken
la manera	die Art, Weise
a manera de	*als, wie*
de tal manera	*derart*
de manera que + subj	*so daß*
manifestar/manifestarse (ie)	zu erkennen geben, bekunden/sich äußern
la mano	die Hand
la mano de obra	*die Arbeitskräfte*
a mano armada	*mit Waffengewalt*
de segunda mano	*aus zweiter Hand, gebraucht*
echar mano al diccionario	*zum Wörterbuch greifen*
echar mano al revólver	*zum Revolver greifen*
tener a mano	*zur Hand haben*
mantener *cf* tener	er-, unter-, be-, aufrechterhalten
la mantequilla, am **manteca**	die Butter
la manzana	der Apfel
la mañana/el mañana	der Morgen, Vormittag/die Zukunft
por la mañana	*am Morgen*
muy de mañana	*sehr früh*
mañana por la mañana	*morgen früh*
pasado mañana	*übermorgen*
el mapa	die Landkarte
la máquina	die Maschine

la máquina de coser/de escribir	*die Näh-/Schreibmaschine*
escribir a máquina	*mit der Maschine schreiben*
el/la mar	das Meer, die See
el mar del norte	*die Nordsee*
en alta mar	*auf hoher See*
hacerse a la mar	*in See stechen*
la maravilla	das Wunder, Erstaunen
marcar	kenn-, bezeichnen, markieren
marcar un gol	*ein Tor schießen*
marcar el compás	*den Takt schlagen*
marchar/marcharse	marschieren, gehen/fort-, weggehen
los negocios marchan bien	*das Geschäft geht gut*
el/la margen	der Rand/das Ufer
el marido	der Ehemann
el marinero	der Seemann, Matrose
martes/el martes	Dienstag/am Dienstag
los martes	*dienstags*
marzo	März
mas	aber, jedoch
más	mehr
más de cinco	*mehr als fünf*
a lo más	*höchstens*
a más tardar	*spätestens*
más allá del río	*jenseits des Flusses*
más o menos	*ungefähr*
ni más ni menos	*nicht mehr und nicht weniger*
cuanto más tanto mejor	*je mehr, desto besser*
tanto más (cuanto) que...	*um so mehr als ...*
por más que	*wie sehr auch*
estar de más	*überflüssig sein*
la masa	der Teig; die Masse, Menge
matar	töten, erschlagen, -morden, umbringen
matar el hambre	*den Hunger stillen*
matar el tiempo	*die Zeit totschlagen*
matar a tiros	*erschießen*
la materia	die Materie, der Stoff; Gegenstand
en materia de música	*auf dem Gebiet der Musik*
material adj/**el material**	materiell/der Stoff, das Material
el matrimonio	die Heirat, Ehe; das Ehepaar
mayo	Mai
mayor adj	größer; älter; Dur *mus*
mayor de edad	*volljährig*

al por mayor	*en gros*
la mayor parte de la gente	*die meisten Leute*
el mayor	der größte, älteste; Major
la mayoría	die Mehrheit
me (**mí** nach prp)	mir, mich
la media	der Strumpf; Durchschnitt
médico, a/el médico	ärztlich/der Arzt
la medida	das Maß, die Maßnahme
a medida que	*in dem Maße wie*
tomar la medida	*Maß nehmen*
tomar medidas	*Maßnahmen ergreifen*
medio, a	halb, durchschnittlich
en medio de	*mitten in*
a medio hacer	*halb fertig*
a medias	*zur Hälfte*
por medio de	*mittels* + gen
quitar de en medio	*wegschaffen, beseitigen*
el medio	das Hilfsmittel
el mediodía	der Mittag; Süden
medir (i)	messen
la mejilla	die Wange, Backe
mejor adj/adv	besser
lo mejor	*das beste*
lo mejor posible	*aufs beste*
tanto mejor	*um so besser*
mejorar	(ver)bessern, steigern
la memoria	das Gedächtnis, die Erinnerung
de memoria	*auswendig*
mencionar	erwähnen
mendigar	betteln
menor adj	geringer; kleiner; jünger
menor de edad	*minderjährig*
al por menor	*en détail*
el menor	der kleinste; jüngste
menos adv	weniger
al menos	*wenigstens*
tanto menos	*um so weniger*
a menos que	*falls nicht*
venir a menos	*verarmen, herunterkommen*
el mensaje	die Botschaft, Mitteilung
la mente	der Geist, Sinn
mentir (ie, i)	lügen
la mentira	die Lüge
¡parece mentira!	*unglaublich!*

menudo, a	klein, geringfügig
a menudo	*oft*
el mercado	der Markt(platz), das Absatzgebiet
la mercancía	die Ware
la merced	die Gnade, Gunst
merced a su prudencia	*dank seiner Vorsicht*
estar a merced de	*preisgegeben sein*
merecer (zc)	verdienen *(Lob, Tadel)*
no merece la pena	*es lohnt sich nicht*
el mérito	das Verdienst
el mes	der Monat
la mesa	der Tisch
poner la mesa	*den Tisch decken*
ponerse a la mesa	*sich zu Tisch setzen*
el metal	das Metall, Erz
meter/meterse	hineinlegen, -schieben, -stecken/sich einmischen, in etw geraten
meter en el bolsillo	*in die Tasche stecken*
meterse en la cabeza	*sich in den Kopf setzen*
¿quién te mete en eso?	*was geht das dich an?*
meterse a hacer uc	*sich anschicken, etw zu tun*
meterse con up	*mit jdm Streit anfangen*
meterse fraile	*Mönch werden, ins Kloster gehen*
el método	die Methode, das Verfahren; Lehrbuch
el metro (cuadrado, cúbico)	der (Quadrat-, Kubik-)Meter
mezclar	(ver)mischen
mi(s) unbet/**mío, mía(s)** bet	mein(e)
el miedo (a)	die Furcht (vor)
la miel	der Honig
el miembro	das Glied; Mitglied
mientras	während *(Gegensatz)*
miércoles/el miércoles	Mittwoch/am Mittwoch
mil	tausend
el milagro	das Wunder
militar adj/**el militar**	Militär-/der Soldat
el millón	die Million
la mina	das Bergwerk; die Mine
el ministerio	das Ministerium
el Ministerio de Asuntos Exteriores	*das Außenministerium*
el ministro	der Minister

el primer ministro	*der Ministerpräsident*
el minuto/la minuta	die Minute/Speisenfolge
la mirada	der Blick
echar una mirada a/sobre	*einen Blick werfen in/auf*
mirar	(an)schauen, -sehen, -blicken, sich umsehen
¡mira!	*sieh mal!*
mirar bien a up	*jdn gut leiden können*
mirar por uc	*für etw sorgen*
la misa	die Messe *relig*
miserable adj	elend, erbärmlich; verächtlich
la miseria	das Elend, die Not
la misericordia	die Barmherzigkeit
mismo, a adj/**mismo** adv	selbst, eigen/gleich, gerade
el mismo/él mismo	*derselbe/er selbst*
da lo mismo	*das kommt auf eins heraus*
por lo mismo	*aus demselben Grund*
hoy mismo	*heute noch*
ahora mismo	*soeben, gleich*
el misterio	das Geheimnis, Mysterium
la mitad	die Hälfte; Mitte
a mitad de camino	*auf halbem Wege*
la moda	die Mode
estar fuera de moda	*außer Mode sein*
el modelo	das Modell, Vorbild, Muster
moderno, a	modern
las lenguas modernas	*die neueren Sprachen*
modesto, a	bescheiden, anspruchslos
modificar	abändern, modifizieren
el modo	die Art, Weise
de cualquier modo	*auf jeden Fall*
de modo que	*so daß*
de tal modo (que)	*derart (daß)*
de todos modos	*auf alle Fälle*
en cierto modo	*gewissermaßen*
mojado, a	naß
moler (ue)	mahlen, zerreiben
molestar	belästigen, stören, ärgern
¿le molesta que fume?	*stört Sie es, wenn ich rauche?*
el momento	der Augenblick
al momento	*sofort*
la moneda	die Münze; Währung
la moneda suelta	*das Kleingeld*
el mono	der Affe; *fam* der Fratz

la montaña	das Gebirge, der Berg
montar	montieren; steigen; betragen *(Summe)*
montar en bicicleta	*radfahren*
el monte	der Berg; Bergwald
el montón	der Haufen
el monumento	das Denkmal; Grabmal
moral adj/**la moral**	moralisch, sittlich/die Moral
morder (ue)	beißen
moreno, a	schwarzbraun, dunkel
morir (de) (ue, u, muerto)	sterben (an), umkommen
la mosca	die Fliege
mostrar (ue)	zeigen
el motivo	der Grund, Anlaß, das Motiv
el motor	der Motor
mover (ue)	bewegen, anregen
el movimiento	die Bewegung, der Verkehr, Betrieb; Satz *mus*
mozo, a	jung
el mozo/la moza	der junge Mensch; Kellner/das Mädchen
el muchacho/la muchacha	der Junge, Knabe, Bursche/das Mädchen
mucho, a adj/**mucho** adv	viel, zuviel/sehr, viel
mucho tiempo	*lange*
con mucho	*bei weitem*
por mucho que	*wie sehr auch*
tener en mucho	*hochschätzen*
mudar/mudarse	ändern, wechseln/(sich) umziehen
mudarse de ropa/de casa	*sich umziehen/umziehen*
mudo, a	stumm
el mueble/los muebles	das Möbelstück/die Möbel
la muerte	der Tod, das Sterben
el peligro de muerte	*die Lebensgefahr*
la muestra	die Probe, das Muster
la mujer	die Frau; das Weib
la multitud	die (Menschen-)Menge
el mundo	die Welt; Menschheit
todo el mundo	*jedermann*
el Nuevo Mundo	*die Neue Welt*
un hombre de mundo	*ein Weltmann*
la muñeca	die Puppe; Handwurzel
el muro	die Mauer, Wand
el museo	das Museum

la música	die Musik; die Noten
mutuo, a	gegenseitig
muy	sehr
esto es muy propio de Carlos	*das ist echt Karl*
Muy señor mio:	*Sehr geehrter Herr!*

N

nacer	geboren werden; entspringen *(Fluß)*; anbrechen *(Tag)*
el nacimiento	die Geburt; Herkunft
la nación	die Nation
nacional adj	National-
nada	nichts
nada más	*nichts mehr*
más que nada	*vor allem*
de nada	*keine Ursache! bitte!*
¡pues nada!	*also gut!*
no ha sido nada	*es war nicht schlimm*
nadar	schwimmen *(mit eigener Kraft)*
nadie	niemand
¿no ha venido nadie?	*ist niemand gekommen?*
nadie ha venido	*es ist niemand gekommen*
la naranja	die Orange, Apfelsine
la nariz	die Nase
natural adj	natürlich, Natur-
ser natural de	*stammen aus*
la naturaleza	die Natur, das Wesen
Navidad(es)	Weihnachten
¡Felices Navidades!	*Fröhliche Weihnachten!*
necesario, a	notwendig, nötig, erforderlich
la necesidad	die Notwendigkeit, das Bedürfnis, die Not
necesitar	benötigen, bedürfen, brauchen
negar (ie)	verneinen, leugnen; abschlagen
negarse a hacer uc	*sich weigern, etw zu tun*
negativo, a	negativ, verneinend
el negocio	das Geschäft; der Handel
negro, a/el negro	schwarz/der Neger
ni . . . ni	weder . . . noch
ni siquiera	*nicht einmal*
el nido	das Nest

la niebla	der Nebel
el nieto/la nieta	der Enkel/die Enkelin
la nieve	der Schnee
ningún, ninguno, ninguna	keine(r, s)
por ningún lado	*nirgends*
de ninguna manera	*keineswegs*
el niño/la niña	das Kind; der Junge/das Mädchen
la niña del ojo	*der Augapfel* fig
no	nicht; nein
ya no	*nicht mehr*
no por eso	*trotzdem*
¡cómo no! am	*natürlich, klar!*
noble adj/**el noble**	adlig, edel/der Adlige
la noche	die Nacht; der Abend
de noche	*nachts*
por la noche	*abends*
muy de noche	*tief in der Nacht*
¡buenas noches!	*guten Abend! gute Nacht!*
nombrar	(er)nennen
el nombre	der Name, Ruf-, Vorname
el norte	der Norden
nos/nosotros, as	uns/wir
la nota	die Notiz; Rechnung; Note *mus*
tomar nota de uc	*von etw Notiz nehmen*
notar	bemerken, wahrnehmen
la noticia	die Nachricht; Notiz; Kenntnis
las últimas noticias	*die neuesten Nachrichten*
novecientos, as	neunhundert
la novedad	die Neuheit, Neuigkeit
la novela	der Roman
la novela corta	*die Novelle*
la novela policíaca	*der Kriminalroman*
noveno, a	neunte(r, s)
noventa	neunzig
noviembre	November
el novio/la novia	der Bräutigam/die Braut
la nube	die Wolke
estar por las nubes	*unerschwinglich sein*
nuestro, a, s	unser(e)
nueve	neun
nuevo, a	neu; frisch
de nuevo	*von neuem*
¿qué hay de nuevo?	*was gibt es Neues?*
el número	die Zahl, Ziffer, Nummer; Anzahl

numeroso, a	zahlreich
nunca	nie(mals)
nutrir	(er)nähren

O

o (u *vor* o, ho)	oder
o ... o	*entweder ... oder*
obedecer (zc)	gehorchen; nachgeben
el objeto	der Gegenstand, das Ding
obligar a	verpflichten/nötigen zu
la obra	das Werk; die Arbeit
la obra de consulta	*das Nachschlagewerk*
¡carretera en obras!	*Straßenbauarbeiten!*
el obrero	der Arbeiter
el obrero calificado	*der Facharbeiter*
observar	beachten, befolgen
hacer observar que	*darauf hinweisen, daß*
el obstáculo	das Hindernis, Hemmnis
obtener *cf* tener	erlangen, erreichen, bekommen
la ocasión	die Gelegenheit, der Anlaß
con ocasión de	*anläßlich* + gen
en la primera ocasión	*bei der ersten Gelegenheit*
octavo, a	achte(r, s)
octubre	Oktober
ocultar	verbergen, verheimlichen
la ocupación	die Besetzung; Beschäftigung
ocupar/ocuparse de	beschäftigen; besetzen; bewohnen/ sich beschäftigen mit
ocurrir	sich ereignen, vorkommen
se me ocurrió escribirle	*ich kam auf die Idee, ihm zu schreiben*
ochenta	achtzig
ocho	acht
ochocientos, as	achthundert
el odio (a)	der Haß (gegen, auf)
el oeste	der Westen
ofender	beleidigen, verletzen
oficial adj/**el oficial**	amtlich, offiziell/der Offizier
la oficina	das Büro, Geschäftszimmer
ofrecer (zc)	an-, darbieten
¿qué se le ofrece?	*was wünschen Sie bitte?*
el oído	das Gehör, Ohr
de oído	*nach dem Gehör*

dar oídos a up	*jdm Gehör schenken*
llegar a oídos de up	*jdm zu Ohren kommen*
oír (oigo)	an-, zuhören
¡oiga!	*hören Sie mal!*
el ojo	das Auge; Ohr
con mis propios ojos	*mit (meinen) eigenen Augen*
no pegar ojo	*kein Auge zutun*
oler (a) (huele)	riechen (nach)
el olor	der Geruch
olvidar/olvidarse de	vergessen; verlernen/vergessen (absichtlich)
omitir	unter-, auslassen
once	elf
la onda	die Woge, Welle
las ondas cortas	*die Kurzwellen*
la operación	die Operation
la opinión	die Meinung, Ansicht
oponer/oponerse *cf* poner	entgegensetzen, -stellen/sich widersetzen
oportuno, a	angebracht, zweckmäßig; gelegen
la oposición	der Widerstand; Gegensatz; die Opposition
oprimir	be-, unterdrücken
la oración	das Gebet; die Rede; der Satz
oral adj	mündlich
el/la orden	die Ordnung, Reihe/der Befehl, die Bestellung
poner en orden	*in Ordnung bringen*
por orden de	*auf Befehl von*
¡a sus órdenes!	*zu Ihren Diensten!*
ordenar	anordnen, -weisen, befehlen
ordinario, a	gewöhnlich, gemein; ordentlich *(Versammlung)*
la oreja	das Ohr; Gehör
el orgullo	der Stolz, Hochmut
el origen	der Ursprung, die Herkunft
la orilla	der Rand, das Ufer
a orillas del Ebro	*am Ebro*
el oro	das Gold
os	euch
oscuro, a	dunkel; *fig* unbekannt
el otoño	der Herbst
otro, a/otros, as	ein anderer, eine andere/andere

P

la paciencia	die Geduld
pacífico, a	friedlich, ruhig, still
el padre/los padres	der Vater/die Eltern
pagar	(be)zahlen
¡Dios se lo pague!	*vergelt's Gott!*
la página	die Seite *(Buch)*
el pago	die Be-, Auszahlung
el pago al contado	*die Barzahlung*
el pago a plazos	*die Ratenzahlung*
el país	das Land, die Heimat
el paisaje	die Landschaft
la paja	das Stroh; der Strohhalm
el pájaro	der Vogel
la palabra	das Wort; Redevermögen
no entender ni una palabra	*kein Wort verstehen*
palabras mayores	*Schimpfwörter*
bajo palabra de honor	*auf Ehrenwort*
el palacio	der Palast
el Palacio de Justicia	*der Justizpalast*
pálido, a	bleich, blaß
el palo	der Stock, Stab; Stiel
dar de palos a up	*jdn verprügeln*
la paloma	die Taube
el pan	das Brot
la panadería	die Bäckerei; das Bäckerhandwerk
el paño	das Tuch, der Stoff
los pantalones	die (langen) Hosen
el pañuelo	das Taschen-, Halstuch
el papel	das Papier; die Rolle *theat*
el paquete	das Paket
par	gerade, gleich
el número (im)par	*die (un)gerade Zahl*
a la par	*gleichzeitig*
de par en par	*weit offen* (Tür)
sin par	*unvergleichlich*
el par	das Paar *(Sachen)*
para	für, um zu
estar para hacer uc	*im Begriff sein, etw zu tun*
para que + subj	*damit*
¿para qué?	*wozu?*
salir para	*abreisen nach*
para mayo	*gegen Mai*

está muy crecido para su edad	*er ist sehr groß für sein Alter*
para con	*zu, gegen* (Personen)
el paraguas	der Regenschirm
parar/pararse	anhalten; abstellen/stehenbleiben
sin parar	*unaufhörlich*
no parar de	*nicht aufhören zu*
parecer/parecerse	scheinen, ähnlich sehen/aussehen wie
¿qué le parece?	*was halten Sie davon?*
me parece que	*mir scheint, daß*
como le parezca	*wie Sie wollen*
el niño se parece a su padre	*das Kind sieht seinem Vater ähnlich*
el parecer	die Meinung, Ansicht
dar su parecer	*seine Meinung äußern*
parecido, a/el parecido	ähnlich/die Ähnlichkeit
la pared	die Wand, Mauer
la pareja	das Paar *(Lebewesen)*
pariente adj/**el pariente**	verwandt/der Verwandte
el parque	der Park
la parte/el parte	der (An-)Teil; die Gegend/der Bericht
de parte de	*seitens* + gen
en parte	*teilweise*
la mayor parte	*die meisten*
en ninguna parte	*nirgends*
en otra parte	*anderswo*
en todas partes	*überall*
por una parte ... por otra parte	*einerseits ... andererseits*
estar de parte de up	*auf jds Seite stehen*
ponerse de parte de up	*sich auf jds Seite stellen*
tener parte en uc	*an etw beteiligt sein*
tomar parte en uc	*an etw teilnehmen*
dar parte de uc	*etw berichten*
particular adj/**el particular**	besonders/die Privatperson
las clases particulares	*Privatstunden, -unterricht*
la partida	die Abreise; Partie; Urkunde
la partida de bautismo	*der Taufschein*
el partido	die Partei; das Spiel
sacar partido de uc	*aus etw Nutzen ziehen*
tomar partido	*einen Entschluß fassen*
partir tr/**partir (para)** itr	teilen, spalten/abreisen (nach)
partir por la mitad	*halbieren*

a partir de hoy	*von heute an*
pasado, a	vergangen, ehemalig
pasado de moda	*veraltet, überholt*
el jueves pasado	*am vergangenen Donnerstag*
el pasado	die Vergangenheit
el pasaje	der Durchgang, die Überfahrt; Stelle *(im Buch)*
el pasajero	der Passagier, Fahr-, Fluggast
el pasaporte	der (Reise-)Paß
pasar	durchqueren, überschreiten, vorbei-, vorüber-, hinübergehen; verbringen; vergehen *(Zeit);* vorbeiziehen
pasar a	*übergehen zu*
pasar a ser uc	*zu etw werden*
pasar por	*gelten als*
pasaré por su casa	*ich komme bei Ihnen vorbei*
¡pase!	*herein!*
¿qué pasa?	*was ist los?*
pasarlo bien	*es sich gut gehen lassen*
¡páseme la sal!	*reichen Sie mir bitte das Salz!*
pasó en el examen	*er hat sein Examen bestanden*
se me pasó el dolor	*die Schmerzen sind vorbei*
pasaron las vacaciones en España	*sie verbrachten ihre Ferien in Spanien*
Pascua	Ostern
Pascua de Navidad	*Weihnachten*
pasearse	spazierengehen
el paseo	der Spaziergang, die Spazierfahrt; Promenade
la pasión	die Leidenschaft; das Leiden Christi
el paso	der Schritt, die Gangart; der Durchgang, Paß
el paso en falso, el mal paso	*der Fehltritt*
el paso de peatones	*der Fußgängerüberweg*
de paso	*im Vorbeigehen; beiläufig*
a cada paso	*auf Schritt und Tritt*
estar de paso	*auf der Durchreise sein*
el pastel	der Kuchen
la patata	die Kartoffel
el patio	der (Innen-)Hof
la patria	das Vaterland, die Heimat
el patrón(o)	der Arbeitgeber, Chef; Schutzheilige
la pausa	die Pause
hacer una pausa	*eine Pause machen*

la paz	der Friede; die Ruhe
¡déjame en paz!	*laß mich in Ruhe!*
hacer las paces con	*Frieden schließen mit*
el pecado	die Sünde, das Vergehen
el pecho	die Brust, der Busen
el niño de pecho	*der Säugling*
el pedazo	das Stück *(Teil)*
hacer pedazos	*in Stücke schlagen/reißen*
pedir (i)	verlangen, (er)bitten; bestellen
pedir auxilio	*um Hilfe rufen*
pedir limosna	*betteln*
pedir mucho	*zuviel verlangen*
pegar	(an)kleben, -leimen; prügeln; kleben *itr*
pegar un grito	*einen Schrei ausstoßen*
pegar un tiro	*einen Schuß abgeben*
el peine	der Kamm
la película	der Film
el peligro	die Gefahr
correr peligro	*Gefahr laufen*
el pelo	das Haar
al pelo	*trefflich; gelegen*
ni un pelo	*kaum etwas*
por un pelo	*um ein Haar*
la pelota	der Ball *(a. baskisches Ballspiel)*
el peluquero	der Friseur
la pena	die Strafe; das Leid; die Mühe
so pena, bajo pena	*bei Strafe*
¡qué pena!	*wie schade!*
vale la pena	*es lohnt sich*
me da pena	*es tut mir leid*
penetrar	durchdringen, eindringen in
el pensamiento	der Gedanke
pensar (en)	(aus)denken; denken (an); meinen
sin pensar	*gedankenlos*
peor adj/adv	schlechter, schlimmer
tanto peor	*desto schlimmer*
pequeño, a	klein; gering
percibir	bemerken, wahrnehmen; beziehen *(Gehalt)*
perder/perderse (ie)	verlieren; versäumen/sich verirren
echar/echarse a perder	*ruinieren/verderben* itr
perder de vista	*aus den Augen verlieren*
la pérdida	der Verlust, Schaden

el perdón	die Verzeihung, Vergebung
no merece perdón	*er verdient keine Verzeihung*
perecer (zc)	vergehen, umkommen, sterben
perezoso, a	faul
perfecto, a/el perfecto	vollkommen, vorzüglich/das Perfekt
periódico, a/el periódico	regelmäßig, periodisch/die Zeitung
el período	die Periode, der Zeitraum
permanecer (zc)	bleiben, fortdauern
el permiso	die Erlaubnis, Genehmigung; der Urlaub
estar con permiso	*beurlaubt sein*
permitir	erlauben, gestatten
pero	aber, jedoch
el perro	der Hund
perseguir *cf* seguir	verfolgen
la persona	die Person; der Mensch
en persona	*persönlich*
personal adj/**el personal**	persönlich/das Personal
pertenecer (zc)	gehören
pesado, a	schwer, lästig; schwül *(Wetter)*
pesar/el pesar	wiegen/das Leid
me pesa + inf	*es tut mir leid*
mal que me pese	*so leid es mir tut*
a pesar de + inf/+ s	*obwohl/trotz*
el pescado	der *(gefangene)* Fisch
la peseta	die Peseta
el peso	das Gewicht; die Last
el peso bruto/neto	*das Brutto-/Nettogewicht*
el pez	der Fisch *(im Wasser)*
picar tr/itr	stechen, picken/jucken; brennen *(Speise)*
picar muy alto	*hoch hinaus wollen*
picarse de uc	*sich durch etw verletzt fühlen*
el pico	der Schnabel; Berggipfel
a pico	*steil*
seis y pico	*etwas über sechs*
el pie	der Fuß; Untersatz
a pie	*zu Fuß*
de/en pie	*stehend*
dar pie a uc	*zu etw Anlaß geben*
mantener en pie	*aufrechterhalten*
la piedad	die Frömmigkeit; das Mitleid
la piedra	der Stein
la piedra preciosa	*der Edelstein*

la piel	die Haut; das Leder; Fell, der Pelz
la pierna	das Bein
la pieza	das Stück *(Ganzes)*; Zimmer; Theaterstück
pintar	malen, (an)streichen; schildern
la pintura	die Malerei, Malfarbe; das Gemälde
pisar	(be)treten, festtreten
el piso	der (Fuß-)Boden; das Stockwerk
el piso bajo/principal	*das Erdgeschoß/der erste Stock*
placer (zc)/**el placer**	gefallen/das Vergnügen
planchar	bügeln, plätten
el plano	der Plan, Entwurf
tener plano de + inf	*etw vorhaben*
la planta	die Pflanze; Fußsohle
la plata	das Silber; *am* Geld
el plato	der Teller; das Gericht
el plátano, *am* **la banana**	die Banane
la playa	der Strand, das Seebad
la plaza	der Platz, Marktplatz
el plazo	die Frist; Rate
a largo plazo	*langfristig*
a plazos	*auf Abzahlung*
la pluma	die (Schreib-)Feder; *fig* der (Schreib-)Stil; die Vogelfeder
la población	die Bevölkerung; Ortschaft
pobre adj	arm; armselig
pobre hombre	*armer Teufel*
¡pobre de mí!	*ich Unglückliche(r)!*
poco, a adj/**poco** adv	wenig, gering
un poco de sal	*ein wenig Salz*
poco a poco	*allmählich*
dentro de poco	*in Kürze, bald*
por poco	*beinahe, fast*
unos pocos libros	*ein paar Bücher*
poco más o menos	*ungefähr*
poder (ue, u)/**el poder**	können; dürfen/die Macht, Gewalt
no poder menos de	*nicht umhin können zu*
a más no poder	*bis zum äußersten*
puede ser	*vielleicht*
esto no puede ser	*das kann nicht sein*
¿se puede?	*darf man eintreten?*
no poder con up (uc)	*mit jdm (etw) nicht fertig werden*
la poesía	das Gedicht; die Dichtkunst, Poesie
la policía	die Polizei

la policía de tránsito	*die Verkehrspolizei*
la política	die Politik
el polvo	der Staub, das Pulver
el pollo	das junge Huhn *(auch als Gericht)*
poner (pongo, pondré, puse, puesto)	setzen, stellen, legen; an-, aufziehen *(Kleidung);* decken *(Tisch);* legen *(Eier)*
poner al día	*auf den neuesten Stand bringen*
¡póngame con ...!	*verbinden Sie mich mit ...!*
poner en marcha	*anlassen; in Gang bringen*
poner en práctica	*in die Tat umsetzen, verwirklichen*
poner de administrador	*als Verwalter einsetzen*
ponerse	*anziehen* (Kleidung); *untergehen* (Sonne)
ponerse enfermo	*krank werden*
ponerse a hacer uc	*sich anschicken, etw zu tun*
ponerse a mal con up	*mit jdm in Streit geraten*
ponerse de rodillas/de pie	*niederknien/aufstehen*
popular adj	populär, volkstümlich, beliebt
la canción popular	*das Volkslied*
por	durch, von, wegen
por consiguiente	*infolgedessen*
por eso/lo tanto	*deshalb*
por mí	*meinetwegen*
ir por uc	*etw holen*
por ser tarde	*weil es spät ist*
por cinco pesetas	*für fünf Peseten*
por aquí	*hier (herum)*
por escrito	*schriftlich*
por Pascua	*um Ostern herum*
por fin	*schließlich*
tener/tomar por	*halten für*
por más que	*wie sehr auch*
por más caro que sea	*wie teuer es auch sein mag*
tres veces por semana	*dreimal wöchentlich*
tres por tres son nueve	*drei mal drei ist neun*
¿por qué?	*warum? weshalb?*
la porción	die Portion, Menge
porque	weil
el porvenir	die Zukunft
en lo porvenir	*künftig*
poseer	besitzen; beherrschen *(Sprache)*
la posesión	der Besitz
posible adj	möglich

hacer todo lo posible	*sein möglichstes tun*
la posición	die Stellung, Position, Lage
el postre	der Nachtisch
el pozo	der Brunnen; Schacht
la práctica	die Übung, Praxis
práctico, a	praktisch
preceder tr	vorangehen + *dat*
el precio	der Preis
a cualquier precio	*um jeden Preis*
al precio de	*zum Preise von*
precioso, a	kostbar; reizend, herrlich
precipitar/precipitarse en	hinabstürzen/(sich) stürzen *itr*
preciso, a	genau, präzis, deutlich; nötig
preferir (ie, i)	vorziehen
la pregunta	die Frage
preguntar por	fragen nach
el prejuicio	das Vorurteil
el premio	die Belohnung, der Preis; Gewinn
prender	ergreifen, verhaften; befestigen
la prensa	die (Buchdrucker-)Presse; (Tages-)Presse
en prensa	*im Druck*
preocupar/preocuparse de	mit Besorgnis erfüllen/sich kümmern um
¡no se preocupe por él!	*machen Sie sich keine Sorgen um ihn!*
preparar	vor-, zubereiten
la presencia	die Gegenwart, Anwesenheit
la presencia de ánimo	*die Geistesgegenwart*
presentar/presentarse	vorstellen, -zeigen/sich vorstellen
presente adj	gegenwärtig, anwesend
hacerse presente	*zum Vorschein kommen*
¡presente!	*hier!* (bei Aufruf)
el presente	die Gegenwart; das Präsens; Geschenk
el presidente	der Vorsitzende, Präsident
la presión	der Druck *(Kraft)*
hacer presión sobre up	*auf jdn Druck ausüben*
prestar	(aus-, ver)leihen
prestar ayuda	*Hilfe leisten*
prestar juramento	*einen Eid leisten*
prestar oídos	*Gehör schenken*
pretender	fordern, beanspruchen; behaupten
el pretexto	der Vorwand, die Ausrede
con el pretexto de	*unter dem Vorwand*

prevenir/prevenirse contra *cf* venir	verhüten, vorbeugen; warnen/sich hüten vor
la primavera	der Frühling
primer(o), primera	erste(r, s)
a primeros de mayo	*Anfang Mai*
primero adv	*zuerst*
el primo/la prima	der Vetter/die Base, Kusine
principal adj	hauptsächtlich, Haupt-
lo principal	*die Hauptsache*
el príncipe	der Fürst; Prinz
el principio	der Anfang; Grundsatz, das Prinzip
al principio	*am Anfang*
en principio	*grundsätzlich*
la prisa	die Eile
a toda prisa	*in aller Eile*
de prisa	*eilig*
no corre prisa	*es ist nicht eilig*
darse prisa	*sich beeilen*
la prisión	das Gefängnis; die Verhaftung
probable adj	wahrscheinlich
probar (ue)	erproben, prüfen; kosten *(Speise);* anprobieren *(Kleid);* beweisen
no probar bocado	*keinen Bissen zu sich nehmen*
el problema	das Problem, die Aufgabe
proceder de	kommen/stammen aus, herrühren von
el proceder	das Verhalten; Verfahren
procurar	besorgen; versuchen (etw zu tun)
la producción	die Erzeugung, Produktion, Herstellung
producir (zc, j)	erzeugen, produzieren, herstellen
la profesión	der Beruf
profundo, a	tief, abgründig
el programa	das Programm; der Lehrplan
el progreso	der Fortschritt
prohibir	verbieten, untersagen
prolongar	verlängern
el promedio	der Durchschnitt
la promesa	das Versprechen; Gelübde
cumplir una promesa	*ein Versprechen halten*
prometer/prometerse	versprechen/sich verloben
pronto, a adj/**pronto** adv	schnell, fertig/bald
lo más pronto posible	*so schnell wie möglich*
pronunciar	aussprechen

pronunciar un discurso	*eine Rede halten*
la propiedad	das Eigentum, der Besitz; die Eigenart
el propietario	der Eigentümer, Grund-, Hausbesitzer
la propina	das Trinkgeld
propio, a	eigen; typisch
proponer/proponerse *cf* poner	vorschlagen/beabsichtigen
la proporción	die Proportion, das Verhältnis
en proporción a	*im Verhältnis zu*
el propósito	die Absicht, der Zweck
a propósito	*gelegen, erwünscht*
fuera de propósito	*ungelegen, zur Unzeit*
proteger	(be)schützen; begünstigen
protestar	Einspruch erheben, protestieren
el provecho	der Vorteil, Nutzen, Profit
de provecho	*brauchbar*
¡buen provecho!	*guten Appetit!*
proveer (provisto)	(ver)sorgen, versehen
la provincia	die Provinz
provocar	herausfordern, aufreizen; hervorrufen
próximo, a	nächste(r, s)
el proyecto	der Plan, Entwurf, das Vorhaben, Projekt
prudente adj	vorsichtig; klug
la prueba	der Be-, Nachweis, die Probe; Anprobe
a prueba de agua	*wasserdicht*
a toda prueba	*erprobt*
a título de prueba	*probeweise*
poner a prueba	*auf die Probe stellen*
dar pruebas de uc	*etw beweisen*
publicar	veröffentlichen, bekanntmachen
público, a	öffentlich, allgemein bekannt
hacer público	*bekanntmachen, -geben*
el público	das Publikum
el pueblo	das Volk; die Ortschaft, das Dorf
el puente	die Brücke; das Deck
el puerco	das Schwein *a. fig*
la puerta	die Tür; Pforte, das Tor
el puerto	der Hafen
pues	denn, da, daher, folglich

pues bien	*nun denn*
¿pues cómo?	*wieso denn?*
¡pues sí!	*doch! natürlich!*
¡pues qué!	*na also!*
la punta	die Spitze; Landzunge
de punta a punta	*durch und durch*
el punto	der Punkt; Stich *(beim Nähen)*
el punto de reunión	*der Treffpunkt*
el punto de vista	*der Gesichtspunkt*
los dos puntos	*der Doppelpunkt*
al punto	*sogleich*
en punto	*pünktlich*
hasta cierto punto	*bis zu einem gewissen Grad*
hasta tal punto que	*so sehr, daß*
estar a punto	*fertig sein*
estar a punto de hacer uc	*im Begriff sein, etw zu tun*
el puño	die Faust; der Griff
puro, a	rein, sauber
de puro odio	*aus lauter Haß*
el puro	die Zigarre

Q

que prn rel/conj	welche(r, s), der, die, das/daß
¡que venga!	*er soll kommen!*
dice que sí/que no	*er sagt ja/nein*
yo que él	*ich an seiner Stelle*
¿qué? prn int	welche(r, s)? was (für ein)? wie+*adj!*
¡qué bonito!	*wie hübsch!*
¡qué de niños!	*wie viele Kinder!*
¿qué tal?	*wie geht's?*
¿a mí qué?	*was geht das mich an?*
no hay de qué	*bitte, gern geschehen*
¿por qué?	*warum?*
quebrar/quebrarse (ie)	(zer)brechen/brechen *itr*
quebrarse un brazo	*sich den Arm brechen*
quedar(se)	zurück-, übrigbleiben; sich befinden
el hotel queda cerca de la estación	*das Hotel befindet sich in der Nähe des Bahnhofs*
quedar contento	*zufrieden sein*
quedar atrás	*zurückbleiben*
quedar bien	*gut ausfallen*
quedar en hacer uc	*vereinbaren, etw zu tun*

esto queda por hacer	*das bleibt noch zu tun*
por mí que no quede	*an mir soll es nicht liegen*
¿dónde habíamos quedado?	*wo waren wir stehengeblieben?*
quedarse con uc	*etw behalten*
quejarse a up de uc	sich bei jdm über etw beschweren, -klagen
quemar/quemarse	(ver)brennen/brennen *itr*
querer (ie, i)	wollen; mögen; wünschen; lieben
sin querer	*unabsichtlich*
hacerse querer	*sich beliebt machen*
sea como quiera	*wie dem auch sei*
quisiera tomar un vaso de vino	*ich möchte gern ein Glas Wein trinken*
el queso	der Käse
quien(es) prn rel/**quién(es)** prn int	wer, welche(r, s)/wer ?
hay quien dice	*manche sagen*
no es quien para hacer esto	*er ist nicht der richtige Mann dazu*
como quien no quiere la cosa	*so nebenbei, mit Leichtigkeit*
quienquiera	irgendwer, wer auch immer, jeder der
quieto, a	ruhig, still, friedlich
quince	fünfzehn
dentro de quince días	*in vierzehn Tagen*
quinientos, as	fünfhundert
quinto, a	fünfte(r, s)
quitar	(weg)nehmen; abdecken *(Tisch);* entfernen *(Fleck)*
quitar la vida a up	*jdn ums Leben bringen*
¡quítate de ahí!	*geh weg!*
quizás	vielleicht

R

la rabia	die Wut, der Zorn; die Tollwut
dar rabia a up	*jdn wütend machen*
tener rabia a up	*auf jdn wütend sein*
el/la radio	der Radius/das Radio
la raíz	die Wurzel
a raíz de	*auf Grund von; zufolge*
el ramo/la rama	der Zweig; die Branche, das Fach/der Ast
el ramo de flores	*der Blumenstrauß*
rápido, a/el rápido	schnell/der Eilzug

raro, a	selten; seltsam, außergewöhnlich
el rato	der Augenblick
al poco rato	*kurz darauf*
a ratos	*dann und wann*
pasar el rato	*sich die Zeit vertreiben*
he pasado un buen rato	*es ist mir gut ergangen*
¡hasta otro rato!	*auf bald!*
el rayo	der Strahl; die Speiche
rayos X	*Röntgenstrahlen*
la raza	die Rasse, das Geschlecht
la razón	die Vernunft; der Grund, Anlaß
(no) tener razón	*(un)recht haben*
perder la razón	*den Verstand verlieren*
por esta razón	*deswegen*
real adj	wirklich, tatsächlich; königlich
la realidad	die Wirklichkeit
en realidad	*in Wirklichkeit*
realizar	verwirklichen, ausführen
recibir	erhalten, bekommen, empfangen
recién/reciente adj	neu- *(vor adj)*/frisch, jüngst
recién casado	*neuvermählt*
recién nacido	*neugeboren*
reclamar	beanstanden, reklamieren; sich beschweren
recobrar/recobrarse de	wiedererlangen, -bekommen/sich erholen von
recoger	aufheben *(vom Boden)*
recomendar (ie)	empfehlen, anraten
reconocer (por) *cf* conocer	(wieder)erkennen (an); anerkennen
recordar uc a up (ue)	jdn an etw erinnern
el recuerdo (de)	die Erinnerung, das Andenken (an)
rechazar	ab-, zurückweisen, ablehnen
la red	das Netz, die Schlinge
echar la red	*das Netz auswerfen*
la red de carreteras/ferroviaria	*das Straßen-/Eisenbahnnetz*
en rededor (de) prp/adv	um ... herum/ringsherum
redondo, a	rund; *fig* vollkommen
reducir (a) (zc, j)	zurückführen (auf); herabsetzen *(Preise)*
reemplazar	ersetzen, vertreten
referir/referirse a (ie, i)	erzählen, berichten/sich beziehen auf
reflexionar	überlegen, nachdenken
la reforma	die Reform, Umgestaltung

refrescar	erfrischen, abkühlen; kühl werden
el refugiado	der Flüchtling
el regalo	das Geschenk
la región	die Gegend, das Gebiet
la regla	die Regel, Ordnung; das Lineal
conforme a la regla	*ordnungsgemäß*
regresar	zurückkehren, -kommen
regular	regeln, regulieren
regular adj	regelmäßig; mittelmäßig
reír/reírse de (í)	(be)lachen/auslachen, lachen über
reírse a solas	*vor sich hin lachen*
la relación	der Bericht; die Beziehung; Aufzählung
el relámpago	der Blitz
relatar	erzählen, berichten
la religión	die Religion
el reloj	die Uhr
el remedio	das Heilmittel
sin remedio	*rettungslos*
no hay remedio	*daran ist nichts zu ändern*
remover (ue)	umrühren; entfernen
rendir (i)	übergeben *mil;* abstatten *(Dank);* erweisen *(Ehre)*
rendir cuenta	*Rechenschaft ablegen*
renunciar a	verzichten auf, entsagen
reñir (con) (i)	ausschelten; zanken, streiten (mit)
reparar (en)	ausbessern, reparieren; (etw) bemerken
repartir	ver-, austeilen
(de) repente	plötzlich, unerwartet
repetir (i)	wiederholen
¡que se repita!	*noch einmal!*
reposar	ruhen
representar	vor-, darstellen; vertreten
reservar	reservieren, vorbehalten
el resfriado	die Erkältung
pescar un resfriado	*sich einen Schnupfen holen*
resistir/resistirse	widerstehen; aushalten/sich sträuben
resolver/resolverse a + inf (ue)	lösen; beschließen/sich entschließen zu
con respecto a	hinsichtlich
a este respecto	*in dieser Hinsicht*
respirar	(ein)atmen
responder	antworten; entsprechen
responder de/por	*haften für/bürgen für* jur

responsable de	verantwortlich/haftbar für
el restaurante	das Restaurant
el resto	der Rest
echar el resto	*sein Letztes hergeben*
el resultado	das Ergebnis, Resultat, der Erfolg
dar buen resultado	*sich bewähren*
retirar(se)	(sich) zurückziehen; entfernen, wegnehmen
reunir(se)	(sich) versammeln, vereinigen
revelar	enthüllen, offenbaren; entwickeln *(Photo)*
el revés	die Rückseite; Kehrseite; der Rückschlag
al revés	*umgekehrt, verkehrt*
la revista	die Zeitschrift; Truppenschau *mil*
la revista ilustrada	*die Illustrierte*
la revolución	der Umsturz, die Revolution
el rey	der König
los reyes	*das Königspaar*
rezar a	beten zu
rico, a (en)	reich (an); reichhaltig
ridículo, a	lächerlich
ponerse en ridículo	*sich lächerlich machen*
el riesgo	die Gefahr, das Wagnis; Risiko
el rigor	die Härte, Strenge
ser de rigor	*unerläßlich sein*
el rincón	der Winkel, die Ecke *(von innen)*
el río	der Fluß, Strom
la riqueza	der Reichtum
la risa	das Lachen, Gelächter
da risa	*das ist zum Lachen*
tomar a risa	*als Scherz auffassen*
morirse de risa	*sich totlachen*
robar	rauben, stehlen
rodear (de)	umgeben (mit)
la rodilla	das Knie
ponerse de rodillas	*niederknien*
rogar (ue)	bitten; beten
rojo, a	rot *(a. politisch)*
romper (roto)	zerbrechen, -reißen
romper a	*anfangen zu*
romper con up	*mit jdm brechen*
la ropa	die Kleidung
la ropa blanca	*die Wäsche*

la ropa de cama	*die Bettwäsche*
la ropa interior	*die Unterwäsche*
rosa/la rosa	rosa(farben)/die Rose
el rostro	das (An-)Gesicht
hacer rostro al enemigo	*dem Feind die Stirn bieten*
rubio, a	blond; hell
rudo, a	roh, rauh, ungebildet
la rueda	das Rad; die Runde
en rueda	*in der Runde*
hacer la rueda	*um etw herumstehen*
el ruido	der Lärm, das Geräusch; Aufsehen
el rumbo	der Kurs, Weg
hacer rumbo a	*Kurs nehmen auf*
andar sin rumbo	*kein Ziel haben*
el rumor	das Rauschen; Gerücht, Gemunkel

S

sábado/el sábado	Samstag, Sonnabend/am Samstag
la sábana	das Bettuch
saber (a) (sé, supe, sepa, sabré)	wissen; können; schmecken (nach)
a saber	*das heißt*
hacer saber	*mitteilen*
no que yo sepa	*nicht daß ich wüßte*
sacar	herausnehmen, -holen, -ziehen; ziehen *(Zahn)*; lösen *(Fahrkarte)*; anfertigen *(Kopie)*
sacar en limpio	*ins reine schreiben*
el sacerdote	der Priester
el saco	der Sack; die Plünderung
el sacrificio	das Opfer; die Gabe
hacer sacrificio	*Opfer bringen*
sagrado, a	heilig
la sal	das Salz
la sala	der Saal, Raum, das Zimmer
la sala de espera	*der Wartesaal*
la sala de estar	*das Wohnzimmer*
la salida	die Ausfahrt, der Ausgang; die Abfahrt
la salida del sol	*der Sonnenaufgang*
salir (para) (salgo, saldré)	hinausgehen; reisen (nach); aufgehen *(Sonne)*

salir por up	*für jdn eintreten*
salir caro	*teuer zu stehen kommen*
salirse	*auslaufen* (Flüssigkeit)
salirse del tema	*vom Thema abkommen*
salirse con la suya	*seinen Kopf durchsetzen*
saltar	(über)springen
saltar a la vista	*ins Auge springen*
la salud	die Gesundheit
¡a su salud!	*auf Ihr Wohl!*
saludar	(be)grüßen
salvar	retten
la sangre	das Blut
echar sangre	*bluten*
sano, a	gesund, heil
sano y salvo	*wohlbehalten*
santo, a/el santo	heilig; selig/der Heilige
satisfacer (-fago, -faz, -fecho)	genugtun, zufriedenstellen
satisfacer un deseo	*einen Wunsch erfüllen*
satisfacer el hambre	*den Hunger stillen*
se (*sí* nach prp)	sich
se lo digo a usted (a él, a ella, a ellos)	*ich sage es Ihnen (ihm, ihr, ihnen)*
secar/secarse	trocknen, dörren/austrocknen
seco, a	trocken, getrocknet; herb *(Wein)*
secreto, a/el secreto	geheim, heimlich/das Geheimnis
en secreto	*insgeheim*
la sed	der Durst; die Gier
la seda	die Seide
seguir (i)	folgen, nach-, befolgen, fortsetzen
¡siga hablando!	*sprechen Sie weiter!*
y lo que sigue	*und so weiter*
según	nach, gemäß, laut
según ella	*nach ihrer Meinung*
según llegaba/llegó	*als/sowie er ankam*
el segundo	der zweite; die Sekunde
en segundo lugar	*zweitens*
seguro, a	sicher, gewiß
el seguro	die Versicherung
seis	sechs
seiscientos, as	sechshundert
el sello	das Siegel, der Stempel; die Briefmarke
la semana	die Woche
la Semana Santa	*die Karwoche*
entre semana	*wochentags*

sembrar (ie)	(aus)säen, ausstreuen, verbreiten
semejante adj	ähnlich
sencillo, a	einfach, schlicht; einfältig
sentar/sentarse (ie)	setzen/sich setzen
estar sentado	*sitzen*
sentarse a la mesa	*sich an den Tisch setzen*
el sentido	der Sinn, Verstand
el sentido común	*der gesunde Menschenverstand*
falto de sentido	*sinnlos*
en todos los sentidos	*in jedem Sinne*
perder el sentido	*ohnmächtig werden*
el sentimiento	das Gefühl; Bedauern
tener el sentimiento de no poder venir	*bedauern, nicht kommen zu können*
le acompaño en el sentimiento	*herzliches Beileid!*
sentir (ie, i)	fühlen, empfinden; bedauern
sentirse bien/mal	*sich wohl/schlecht fühlen*
siento mucho que	*es tut mir leid, daß; leider*
la seña	das Zeichen, der Wink
las señas	die Adresse
la señal	das Merkmal, Signal
las señales de tráfico	*die Verkehrssignale*
en señal de	*zum Zeichen von*
señor/señora	Herr/Frau, Dame
Nuestra Señora	*die Mutter Gottes*
separar/separarse	trennen, absondern/sich trennen
ser (soy, era, fui, sea, sido)	sein
llegar a/terminar por ser	*werden*
ser de	*gehören zu*
a no ser que	*es sei denn, daß*
de no ser así	*andernfalls*
esto es	*das heißt*
¡eso es!	*das stimmt!*
¿qué es de ella?	*was ist aus ihr geworden?*
sea lo que sea	*wie dem auch sei*
la serie	die Serie, Reihe, Folge
serio, a	ernsthaft; zuverlässig
tomar en serio	*ernst nehmen*
¿habla en serio?	*ist das Ihr Ernst?*
el servicio	der Dienst, die Bedienung; das Gedeck; die Toilette
fuera de servicio	*außerdienstlich; außer Betrieb*

servir/servirse (i)	(be)dienen, auftragen/sich bedienen, zugreifen
servir en	*dienen bei*
servir de	*dienen als*
servir a/para	*dienen zu*
¡sírvase!	*bedienen Sie sich!*
sesenta	sechzig
setecientos, as	siebenhundert
setenta	siebzig
se(p)tiembre	September
sé(p)timo, a	siebte(r, s)
severo, a	streng; genau
sexto, a	sechste(r, s)
si/sí	wenn, falls; ob/ja, gewiß, natürlich
esto sí que es bueno	*das ist wirklich gut*
siempre	immer, stets
de siempre	*von jeher*
para siempre	*für immer*
la sierra	die Säge; das Gebirge
siete	sieben
el siglo	das Jahrhundert
el Siglo de Oro	*das Goldene Zeitalter* (Spanien im 16. Jahrh.)
significar	bedeuten; andeuten
el signo	das Zeichen
el signo de admiración	*das Ausrufezeichen*
siguiente adj	folgend
al día siguiente	*am folgenden Tag*
silbar	pfeifen; auszischen
el silencio	das Schweigen, die Ruhe, Stille
la silla	der Stuhl; Sitz; Sattel
simple adj	einfach; bloß; einfältig
sin (que)	ohne (daß)
sin embargo	*jedoch, trotzdem*
sincero, a	aufrichtig, ehrlich
sino	sondern, sonst; außer
el sitio	die Lage, Stelle, der Ort; die Belagerung; der Sitzplatz
la situación	die Lage, der (Zu-)Stand
(estar) situado	liegen; gelegen sein
bien situado	*wohlhabend*
sobrar	übrigbleiben, überflüssig sein

sobre	auf, über
sobre esto	*hierauf, darauf*
sobre eso	*außerdem*
sobre todo	*besonders*
el sobre	der Briefumschlag
el sobrino/la sobrina	der Neffe/die Nichte
la sociedad	die Gesellschaft
la sociedad anónima (S. A.)	*die Aktiengesellschaft*
el socorro	die Hilfe, Unterstützung, der Beistand
pedir socorro	*um Hilfe bitten*
el sol	die Sonne
tomar el sol	*sich sonnen*
al caer el sol	*bei Sonnenuntergang*
el soldado	der Soldat
soler (ue)	(zu tun) pflegen
como suele decirse	*wie man zu sagen pflegt*
solicitar	sich bewerben um, erbitten
sólido, a	fest, massiv
solo, a adj/**sólo** adv	allein, einzig; einsam/nur
no sólo esto, sino también aquello	*nicht nur das, sondern auch jenes*
por sí solo	*für sich allein*
a solas	*ganz allein*
soltar/soltarse (ue)	loslassen, -machen, freilassen/sich loslösen
soltero, a/el soltero	ledig, unverheiratet/der Junggeselle
la sombra	der Schatten; *fig* Makel
¡ni sombra!	*keine Spur!*
el sombrero	der Hut
sombrío, a	düster, schattig
sonar (ue)	(er)klingen, (er)tönen
el sonido	der Ton, Schall, Klang
sonreír *cf* reír	lächeln
soñar (con) (ue)	träumen (von)
la sopa	die Suppe
soplar	auf-, wegblasen; vorsagen; blasen; wehen
soportar	stützen, tragen; ertragen, dulden
sordo, a	taub, schwerhörig; dumpf
sorprender	überraschen; ertappen
la sorpresa	die Überraschung, das Erstaunen
sospechar	vermuten, argwöhnen
sospechar de up	*jdn in Verdacht haben*
sostener *cf* tener	(unter)stützen, -halten, behaupten

su(s) unbet/**suyo, a(s)** bet	sein(e), ihr(e), Ihr(e)
suave adj	weich, sanft, mild
subir tr/itr	hinaufgehen, -steigen, -tragen, -bringen, erhöhen/steigen
súbito, a	plötzlich, unerwartet
suceder (a)	folgen (auf); geschehen
el suceso	das Ereignis
sucio, a	schmutzig, dreckig, unfair
sudar	schwitzen
el suegro/la suegra	der Schwiegervater/die Schwiegermutter
el sueldo	das Gehalt, die Löhnung
el suelo	der (Erd-, Fuß-)Boden, Grund
el sueño	der Schlaf, Traum
tener sueño	*schläfrig sein*
la suerte	das Los, Glück, der Zufall
suficiente adj	genügend, ausreichend
sufrir	(er)leiden, (er)tragen, dulden
el sujeto	das Subjekt; Thema; die Person
la suma	die Summe; der Abriß
superficial adj	oberflächlich
superior adj	höher, überlegen
ser superior a up	*jdn übertreffen*
suponer *cf* poner	vermuten; voraussetzen
el sur	der Süden
surgir	auftauchen, zum Vorschein kommen
suspender	aufhängen; unterbrechen, einstellen
sustituir (y)	ersetzen
el susto	der Schreck(en)
dar un susto	*einen Schrecken einjagen*
llevarse un susto	*erschrecken* itr

T

el tabaco	der Tabak
la tabla	das Brett; die Tabelle
tal adj	solche(r, s)
un tal Carlos	*ein gewisser Karl*
tal como	*genau wie*
tal cual	*so wie*
tal vez	*vielleicht*
¿qué tal?	*wie geht's?*
el taller	die Werkstatt, das Atelier

el tamaño	die Größe, das Format
también	auch, ebenfalls
tampoco	auch nicht
tan + adj	so + *adj*
tanto, a adj/**tanto** adv	so viel/so sehr, so lange
otro tanto	*noch einemal soviel*
tanto mejor	*um so besser*
por lo tanto	*deshalb, daher*
no es para tanto	*so schlimm ist es nicht*
estar al tanto de uc	*über etw Bescheid wissen*
en tanto que	*während, solange*
tanto más que	*um so mehr als*
la tapa	der Deckel
tardar	zögern; säumen; dauern
a más tardar	*spätestens*
sin tardar	*unverzüglich*
tarde adv	spät
la tarde	der Nachmittag, (beginnende) Abend
la tarea	die (Haus-, Schul-)Aufgabe
la tarjeta (postal)	die (Post-)Karte
la taza	die Tasse
te (ti nach prp)	dir/dich
el teatro	das Theater; der Schauplatz
el techo	das Dach; die (Zimmer-)Decke
la tela	das Gewebe, der Stoff; die Leinwand
el teléfono	das Telefon, der Fernsprecher
el telegrama	das Telegramm
la televisión	das Fernsehen
temblar (ie)	zittern, beben
temer	fürchten
la temperatura	die Temperatur
la tempestad	der Sturm, das Unwetter
templado, a	gemäßigt, lau
la temporada	die Jahreszeit, Saison
temprano, a adj/**temprano** adv	früh(zeitig)/früh
la tendencia	die Tendenz, Neigung
tender (ie)	ausspannen, -breiten, -strecken
tender ropa	*Wäsche aufhängen*
tender a uc	*auf etw abzielen*
el tenedor	die Gabel; der Inhaber
el tenedor de libros	*der Buchhalter*
tener (tengo, tuve, tendré)	haben, besitzen; halten
tener 30 años	*30 Jahre alt sein*

tener por	*halten für*
tener que	*müssen*
no tener que	*nicht brauchen/müssen*
tener a menos	*verschmähen*
tener la lengua	*den Mund halten*
tentar	versuchen
tercer(o), tercera	dritte(r, s)
terminar	beenden, abschließen; enden, zu Ende sein
terrible adj	schrecklich, furchtbar
el terror	der Schrecken, Terror, das Entsetzen
la tertulia	die Gesellschaft, Party; der Stammtisch
el tesoro	der Schatz
el testigo	der Zeuge, die Zeugin
el tiempo	die Zeit; das Wetter; der Satz *mus*
a tiempo	*rechtzeitig*
hace tiempo que	*es ist schon lange her, daß*
hace mucho tiempo	*vor langer Zeit*
hace buen/mal tiempo	*es ist gutes/schlechtes Wetter*
la tienda	der Laden, das Geschäft
tierno, a	zart, weich; zärtlich
la tierra	die Erde, das Land, der Boden
tomar tierra	*landen*
echar por tierra	*umwerfen*
la(s) tijera(s)	die Schere
tímido, a	schüchtern, ängstlich, scheu
la tinta	die Tinte; der Farbton
el tío/la tía	der Onkel/die Tante
el tipo	der Typ, die Figur; der Kerl
tirar	(weg-, hinaus)werfen; schießen
el título	der Titel; das Diplom
a título de prueba	*als Probe*
la toalla	das Handtuch
tocar	berühren; spielen *mus*
tocar puerto	*einen Hafen anlaufen*
por lo que toca a su hijo	*was Ihren Sohn betrifft*
todavía	noch (immer)
todavía no	*noch nicht*
todo, a adj/**todo** adv	ganz, alle(s), jede(r, s)/völlig
todo el mundo	*jedermann*
todo lo que, todo cuanto	*alles was*
ante todo	*zuallererst*
sobre todo	*vor allem*

con todo	*jedoch, trotzdem*
no del todo	*nicht ganz*
tomar	nehmen; trinken
tomar un acuerdo	*einen Beschluß fassen*
tomar cariño a up	*jdn liebgewinnen*
tomar nota de uc	*von etw Kenntnis nehmen*
tomar a mal	*übelnehmen*
tomar en serio	*ernst nehmen*
tomar por	*halten für*
el tono	der Ton, die Redeweise
dar el tono	*den Ton angeben*
darse tono	*sich wichtig machen*
tonto, a/el tonto	dumm, albern, töricht/der Dummkopf
tornar tr/itr	zurückkehren
el toro	der Stier, Bulle
la torre	der Turm
toser	husten
total adj	ganz, völlig, Gesamt-
trabajar	(be-, ver)arbeiten
el trabajo	die Arbeit, Mühe
el trabajo físico/intelectual	*die körperliche/geistige Arbeit*
la tradición	die Tradition, Überlieferung
traducir (zc, j)	übersetzen, -tragen
traer (traigo, traje)	her-, mit-, überbringen; behandeln
traer loco	*verrückt machen*
traer a mal	*mißhandeln*
el tráfico	der Handel; Verkehr
el trago	der Schluck
echar un trago	*einen Schluck nehmen*
de un trago	*in einem Zug, auf einmal*
el traidor	der Verräter
el traje	der Anzug
el traje de baño	*der Badeanzug*
tranquilo, a	ruhig, still, gelassen
transformar	umbilden, -gestalten, verwandeln
el tránsito	der Verkehr
transportar	transportieren, befördern
el tranvía	die Straßenbahn
tras	hinter, nach
uno tras otro	*hintereinander*
tratar (de)	behandeln, erörtern; (über etw) sprechen
tratar de hacer uc	*versuchen, etw zu tun*

tratar con up	*mit jdm verkehren*
tratar en vinos	*mit Wein handeln*
a través de	(quer) durch, über
de través	*schräg*
trece	dreizehn
treinta	dreißig
el tren	der Zug *(Eisenbahn)*
tres	drei
trescientos, as	dreihundert
el tribunal	das Gericht; die Prüfungskommission
el trigo	der Weizen
triste adj	traurig, trübe finster
la tristeza	die Traurigkeit, Trauer
el tronco	der Baumstamm; Rumpf
el trozo	das Stück
el trueno	der Donner; Knall
tu(s) unbet/**tuyo, a(s)** bet	dein(e)
tú	du
el tubo	das Rohr, der Schlauch; die Tube
turbar	stören, verwirren, trüben
el turista	der Tourist

U

último, a	letzte(r, s), äußerste(r, s)
a últimos de mayo	*Ende Mai*
un/una art	ein/eine
único, a	einzig(artig)
la unidad	die Einheit
la unión	die Vereinigung, der Verein
unir/unirse a	vereinigen, -binden/sich anschließen an
universal adj	allgemein, universal, Welt-
la universidad	die Universität
un(o), una/unos, unas	einer, eine, ein/einige
a una	*gemeinsam*
uno a uno	*einer nach dem andern*
urgente adj	dringend, eilig
usar	gebrauchen, anwenden; tragen *(Kleid)*
el uso	der (Ge-)Brauch; die Benutzung
usted (Vd.), pl **ustedes (Vds.)**	Sie *(Anrede)*

útil adj	nützlich, dienlich
el día útil/laborable	*der Arbeitstag/Werktag*
utilizar	benutzen, verwenden
la uva	die Traube

V

la vaca	die Kuh; das Rind(fleisch)
las vacaciones	die Ferien, der Urlaub
vacío, a	leer
vago, a	unbestimmt, vage
el vagón	der Eisenbahnwagen
valer/valerse de uc (valgo)	wert sein, gelten/etw benützen
más vale trabajar	*es ist besser zu arbeiten*
¡válgame Dios!	*Gott steh mir bei!*
no poder valerse	*sich nicht zu helfen wissen*
valiente adj	tapfer, mutig
el valor	der Wert; Mut
el valle	das Tal
vano, a	eitel, nichtig
en vano	*vergeblich, vergebens*
el vapor	der Dampf, Dunst; Dampfer
variar	ab-, verändern; wechseln *itr*
varios, varias	einige, mehrere
el varón	der Mann *(Gegensatz: Frau)*
el vaso	das (Trink-)Glas; Gefäß
vasto, a	weit, ausgedehnt, umfangreich
vecino, a/el vecino	benachbart/der Nachbar
veinte	zwanzig
la vela	die Kerze; das Segel
el velo	der Schleier
la velocidad	die Geschwindigkeit
la velocidad máxima	*die Höchstgeschwindigkeit*
veloz adj	schnell, flink
vencer	besiegen, übertreffen
vender	verkaufen; *fig* verraten
el veneno	das Gift
vengar/vengarse de uc	rächen/sich für etw rächen
venir (vengo, vine, vendré)	kommen; herrühren
venir a hacer uc	*etw schließlich tun*
venir a ser uc	*zu etw werden*
venir a ver	*auf-, besuchen*

venir por uc	*etw abholen*
el año que viene	*das nächste Jahr*
la venta	der Verkauf; das Wirtshaus *(an der Straße)*
estar a la venta	*verkäuflich sein*
la ventaja	der Vorteil; die Überlegenheit
la ventana	das Fenster
ver/verse con up (vi, visto)	sehen/sich mit jdm treffen
hacer ver	*zeigen*
no tiene que ver con esto	*das hat damit nichts zu tun*
¡a ver!	*zeig mal her!*
vamos a ver	*wir wollen mal sehen*
el verano	der Sommer
la verdad	die Wahrheit
¿verdad?	*nicht wahr?*
a decir verdad	*eigentlich*
de verdad	*im Ernst*
¡es verdad!	*es stimmt!*
verdadero, a	wahr(haftig), echt, wirklich
verde/el verde	grün/das Grün
la verdura	das Gemüse; Grün
la vergüenza	die Scham, Schande
me da vergüenza	*ich schäme mich*
el verso	der Vers
verter	eingießen; ausschütten
verter al alemán	*ins Deutsche übersetzen*
el vestido	das (Frauen-)Kleid
vestir/vestirse (i)	anziehen, -kleiden/sich ankleiden, sich anziehen
la vez	das Mal
por primera vez	*zum erstenmal*
una vez	*einmal, einst*
a la vez	*gleichzeitig*
cada vez más	*immer mehr*
cada vez que	*jedesmal, wenn*
en vez de	*statt, anstelle von*
a veces	*manchmal*
rara vez	*selten*
tal vez	*vielleicht*
una vez más	*noch einmal*
las más veces	*meistens*
tantas veces	*so oft*
muchas veces	*oft*
varias veces	*mehrmals*

la vía	der Weg, die Bahn, Straße, Strecke
por vía aérea	*auf dem Luftweg*
vía Madrid	*über Madrid*
viajar	reisen
el viaje	die Reise, Fahrt
el viaje de ida y vuelta	*die Hin- und Rückfahrt*
estar de viaje	*verreist/reisefertig sein*
el vicio	das Laster, der Fehler
la víctima	das Opfer; der/die Geschädigte
la victoria	der Sieg
la vida	das Leben, die Lebensart; Lebhaftigkeit
de por vida	*auf Lebenszeit*
ganarse la vida	*seinen Lebensunterhalt verdienen*
tener mucha vida	*sehr lebhaft sein*
darse buena vida	*ein schönes Leben führen*
la vidriera	das Schaufenster *am;* die Glastür
viejo, a	alt, abgenutzt
el viejo	der Alte, Greis
el viento	der Wind
el vientre	der Bauch, Leib
viernes/el viernes	Freitag/am Freitag
Viernes Santo	*Karfreitag*
vigilar	(be)wachen
el vigor	die Kraft; der Nachdruck
entrar en vigor	*in Kraft treten*
poner en vigor	*in Kraft setzen*
el vino	der Wein
el vino blanco/tinto	*der Weiß-/Rotwein*
violento, a	heftig, gewaltig; gewalttätig
virgen adj	jungfräulich, unberührt
la selva virgen	*der Urwald*
la virtud	die Tugend
en virtud de	*vermöge, kraft, auf Grund* + gen
visitar	besuchen, besichtigen
la vista	das Sehvermögen; die Ansicht; Aussicht
conocer de vista	*vom Sehen kennen*
en vista de	*in Anbetracht von*
a primera vista	*auf den ersten Blick*
¡hasta la vista!	*auf Wiedersehen!*
la viuda/el viudo	die Witwe/der Witwer
los víveres	die Lebensmittel
vivir	(er)leben; wohnen

¡viva!	*es lebe!*
¿quién vive?	*wer (ist) da?*
vivo, a	lebendig, lebhaft, flink
volar (ue)	in die Luft sprengen; fliegen; *fig* eilen
la voluntad	der Wille
a voluntad	*nach Belieben*
volver (ue, vuelto)	(um)drehen; zurückkehren
volver/volverse loco	*verrückt machen/werden*
volver al revés	*umkehren* tr
volver a hacer uc	*etw wieder tun*
volver sobre uc	*auf etw zurückkommen*
volverse nervioso	*nervös werden*
vosotros, as	ihr
la voz	die Stimme; Vokabel
a media voz	*halblaut*
de viva voz	*mündlich; persönlich*
en voz alta/baja	*laut/leise*
corre la voz	*es geht das Gerücht*
la vuelta	die (Um-)Drehung, Wendung, Rückkehr, Rundfahrt
a la vuelta de la esquina	*(gleich) um die Ecke*
a la vuelta de pocos años	*ein paar Jahre später*
a la vuelta	*auf der Rückseite*
dar la vuelta a uc	*etw umdrehen*
estar de vuelta	*zurück sein*
vuestro, a, s	euer, eure

Y

y (**e** vor i, hi)	und
ya	schon
ya no	*nicht mehr*
ya voy	*ich komme gleich*
¡ya lo creo!	*das will ich meinen!*
yo	ich

Z

el zapato	der Schuh

Grundzahlen / Números cardinales

cero	null
uno	eins
dos	zwei
tres	drei
cuatro	vier
cinco	fünf
seis	sechs
siete	sieben
ocho	acht
nueve	neun
diez	zehn
once	elf
doce	zwölf
trece	dreizehn
catorce	vierzehn
quince	fünfzehn
dieciséis	sechzehn
diecisiete	siebzehn
dieciocho	achtzehn
diecinueve	neunzehn
veinte	zwanzig
veintiuno	einundzwanzig
veintidós	zweiundzwanzig
veintitrés	dreiundzwanzig
veinticuatro	vierundzwanzig
veinticinco	fünfundzwanzig
veintiséis	sechsundzwanzig
veintisiete	siebenundzwanzig
veintiocho	achtundzwanzig
veintinueve	neunundzwanzig
treinta	dreißig
treinta y uno	einunddreißig
cuarenta	vierzig
cincuenta	fünfzig
sesenta	sechzig
setenta	siebzig
ochenta	achtzig
noventa	neunzig
cien(to)	hundert
un millón	eine Million
mil millones	eine Milliarde

Los días de la semana / Die Wochentage

lunes	Montag
martes	Dienstag
miércoles	Mittwoch
jueves	Donnerstag
viernes	Freitag
sábado	Samstag
domingo	Sonntag

Los meses / Die Monate

enero	Januar
febrero	Februar
marzo	März
abril	April
mayo	Mai
junio	Juni
julio	Juli
agosto	August
se(p)tiembre	September
octubre	Oktober
noviembre	November
diciembre	Dezember

Nachwort

Dieser Grundwortschatz ist eine kritische Auswahl aus dem Material, das Frequenzforscher des Spanischen in den letzten 35 Jahren vorgelegt haben (Buchanan, Keniston, Hoz, Boggs). Die Ergebnisse dieses im wesentlichen amerikanischen Forschungszweiges finden nun auch in Europa Eingang und Anwendung. Während die Grundwortlisten des Englischen und neuerdings auch des Französischen durch die Verwendung moderner Mittel und Methoden eine gewisse objektive Reife erreicht haben, sind die Ergebnisse im Spanischen nicht so einheitlich. Der hier dargebotene Grundwortschatz beruht auf älteren und neueren Auswahllisten, unzähligen Vergleichen und — wo ich es für notwendig hielt — eigenen Entscheidungen.

Für Verbesserungsvorschläge sind wir den Herren Dr. Hans Schneider (Hamburg) und César Sempere Frutos (Madrid) zu Dank verpflichtet.

Der Aufbauwortschatz

I. Quantität

1. Zahlen (cf 68)

Grundwortschatz: cero, cien, cuenta, diferencia, docena, mil, millón, mitad, número, (el) par, parte, precio, resto, resultado, suma, valor, vez — añadir, aumentar, cobrar, contar, contener, costar, devolver, disminuir, dividir, doblar, ganar, gastar, pagar, sobrar — ambos, doble, entero, exacto, igual, justo, más, menos, numeroso, primero, segundo, simple, total, uno, único — casi, ¿ cuánto ? por ciento.

el cálculo (mental)	das (Kopf-)Rechnen
el problema aritmético	die Rechenaufgabe
el error de cálculo	der Rechenfehler
la máquina de calcular	die Rechenmaschine
la cifra (romana, árabe)	die (römische, arabische) Ziffer
el número cardinal/ordinal	die Grund-/Ordnungszahl
el número par/impar	die gerade/ungerade Zahl
centenares/millares	Hunderte/Tausende
la fracción	der Bruch
la tabla de multiplicar	das Einmaleins
el importe total	der Gesamtbetrag
calcular	rechnen
sumar/restar	zusammenzählen/abziehen
multiplicar/dividir	malnehmen/teilen
duplicar	verdoppeln
enumerar	aufzählen
distribuir	aus-, verteilen
ascender (a)	sich belaufen (auf)
triple	dreifach
múltiple	vielfach
indefinido, a	unbestimmt
(el) mínimo/máximo	das geringste/höchste

Sätze und Redewendungen: *contar de uno hasta/a diez* von eins bis zehn zählen — *uno más tres igual a/son cuatro* $1 + 3 = 4$ — *cinco menos dos igual a tres* $5 - 2 = 3$ — *dos por/veces dos son cuatro* $2 \times 2 = 4$ — *ocho dividido entre/por dos son cuatro* $8 : 2 = 4$ —

¿cuántos son...? wieviel sind...? — *¿cuál es la mitad de...?* welches ist die Hälfte von...? — *unos diez* etwa zehn — *uno y medio* einundeinhalb — *por primera/última vez* zum ersten/letzten Mal — *¡exacto! ¡correcto!* stimmt! — *cometer un error de cálculo/equivocarse en el cálculo* sich verrechnen — *un par de días* ein paar Tage — *un par de zapatos* ein Paar Schuhe — *una pareja* ein Paar *(Personen)* — *érase una vez* es war einmal.

2. Maße und Gewichte

Grundwortschatz: cantidad, distancia, espacio, extensión, grado, kilogramo, kilómetro, litro, medida, medio, mes, minuto, moneda, peseta, peso, proporción, tamaño — medir, partir, reducir — alto, ancho, bajo, breve, corto, enorme, entero, frecuente, gran(de), hondo, largo, ligero, mayor, menor, pequeño, pesado.

la unidad de medida	die Maßeinheit
la superficie	die (Ober-)Fläche
el volumen	der Rauminhalt; Umfang
la longitud/latitud	die Länge/Breite *math*
la altura, el alto	die Höhe
la anchura, el ancho	die Weite, Breite
la profundidad	die Tiefe
el milímetro/centímetro	der Millimeter/Zentimeter
el metro cuadrado/cúbico	der Quadrat-/Kubikmeter
la legua/milla	die Land-/Seemeile
la hectárea	das Hektar
la tonelada	die Tonne
el gramo	das Gramm
el céntimo/duro	der 100. Teil einer Peseta/Fünfpesetenstück
alargar/acortar	verlängern/verkürzen
ahondar	vertiefen
ensanchar	erweitern

Sätze und Redewendungen: *tener 5 metros de largo/alto/ancho* 5 m lang/hoch/breit sein — *¿cuál es la anchura del río?* wie breit ist der Fluß? — *¿que distancia hay de aquí a Madrid?* wie weit ist Madrid von hier entfernt?

3. Mengenangaben

Grundwortschatz: baúl, bolsa, botella, caja, copa, docena, gota, grupo, lata, maleta, masa, multitud, parte, pedazo, pieza, plato, resto, saco, taza — aumentar, caber, carecer, disminuir, agotar, faltar, llenar, sobrar, verter — entero, lleno, suficiente, total, vacío — algunos, bastante, demás, demasiado, diversos, mucho, muchos, nada, poco, pocos.

la mayoría/minoría	die Mehr-/Minderheit
la muchedumbre	die Menge *(Leute)*
el tropel, gentío	der Haufe *(Leute)*
el rebaño/la manada	die Herde/das Rudel
el hueco/la laguna	die Lücke *(Zeit, Raum)/fig* a. Teich
la profusión/el colmo	der Überfluß/das Übermaß
el montón	der Haufen *(ohne Ordnung, Gegenstände)*
la pila	der Stoß *(Bücher)*
el bocado/puñado	der Mundvoll/die Handvoll
el surtido/la selección	die Auswahl, das Sortiment/die Auslese
la restricción	die Beschränkung
vaciar	(aus)leeren, leer machen
suplir	ergänzen
revisar	nachprüfen
repleto, a	überfüllt
un poquito, un poquitín	ein wenig, ein kleines bißchen
considerable	beträchtlich

Sätze und Redewendungen: *siempre le hace falta el dinero* immer fehlt ihm das Geld — *el país abunda en minerales* das Land hat Überfluß an Mineralen — *un poco de agua* ein wenig Wasser — *poca agua* wenig Wasser — *a lo más* höchstens — *demasiado pequeño* zu klein — *en proporción a* im Verhältnis zu — *nada de nada* ganz und gar nichts.

II. Zeit

4. Zeitpunkt, Zeitraum

Grundwortschatz: edad, época, estación, fin, futuro, instante, muerte, nacimiento, pausa, período, porvenir, presente, principio, rato, temporada, tiempo — acabar, cesar, comenzar, continuar, durar, empezar, interrumpir, pasar, permanecer, prolongar, seguir, tardar — constante, eterno, inmediato, largo, reciente, primero, último, a veces, ahora, anoche, antes, despacio, después, en seguida, entonces, entretanto, jamás, luego, a menudo, nunca, siempre, tarde, temprano — durante ¿ cuándo ? hasta.

el alba/la aurora	die Morgendämmerung/-röte
la madrugada	der frühe Morgen
la salida del sol	der Sonnenaufgang
el crepúsculo	die Abenddämmerung
la posteridad	die Nachwelt
la niñez, infancia	die Kindheit
la juventud, mocedad	die Jugendzeit
la abertura/clausura	die Eröffnung/der Schluß
la premura/lentitud	die Eile/Langsamkeit
el compromiso	die Verabredung; Verpflichtung
anticipar	vorausnehmen, -schicken
transcurrir	vergehen, verstreichen
suspender	aufheben, unterbrechen
amanecer/anochecer	anbrechen *(Tag/Nacht)*
finalizar	beendigen
cotidiano, a	täglich, jeden Tag
nocturno, a	nächtlich, Nacht-
semanal/mensual/anual	wöchentlich/monatlich/jährlich

Sätze und Redewendungen: *a toda prisa* in aller Eile — *¿tiene prisa?* haben Sie es eilig ? — *tardará en volver* er wird spät zurückkommen — *¿desde cuándo está en Madrid?* seit wann ist er/sie in Madrid ? — *llegaron a tiempo* sie kamen rechtzeitig an — *pasar el tiempo jugando* sich die Zeit beim Spiel vertreiben — *el tiempo se me hizo largo* die Zeit wurde mir lang — *de aquí en adelante* von jetzt an — *por de pronto* zunächst — *¡pues lo dicho!* es bleibt also dabei! — *sin falta* ganz bestimmt — *él sigue en Madrid* er ist immer noch in Madrid — *tengo un compromiso* ich habe eine Verabredung — *anda muy atareado* er ist sehr beschäftigt.

5. Kalender

Grundwortschatz: abril, agosto, año, día, diciembre, domingo, enero, febrero, fecha, invierno, jueves, julio, junio, lunes, mañana, martes, marzo, mayo, mediodía, mes, miércoles, minuto, Navidad, noche, noviembre, octubre, otoño, Pascua, primavera, sábado, siglo, semana, se(p)tiembre, tarde, verano, viernes, Viernes Santo — anteayer, ayer, hoy, mañana, pasado mañana.

el calendario	der Kalender
el día laborable/de fiesta	der Werk-/Feiertag
el aniversario	der Jahrestag
Nochebuena	der Heilige Abend
el Año Nuevo	Neujahr
Carnaval	Karneval
Miércoles de Ceniza	Aschermittwoch
Pascua de Pentecostés	Pfingsten
Ascensión	Christi Himmelfahrt
el Corpus	Fronleichnam
Asunción	Mariä Himmelfahrt
Todos los Santos	Allerheiligen

Sätze und Redewendungen: *¿cuándo nació Vd.?* wann sind Sie geboren? — *nací el 20 de febrero de mil novecientos veintiocho* ich wurde am 20. Februar 1928 geboren — *¿qué edad tiene Vd.?* wie alt sind Sie? — *tengo 37 años de edad* ich bin 37 Jahre alt — *¿qué día es hoy?* was für einen Tag haben wir heute? — *estamos a primero de abril* wir haben heute den ersten April — *de hoy en quince días* heute in vierzehn Tagen — *mañana por la noche* morgen abend — *a principios/mediados/fines de mayo* Anfang/Mitte/Ende Mai — *partiré el domingo* ich fahre am Sonntag ab — *los domingos vamos siempre al campo* sonntags fahren wir immer aufs Land — *dentro de esta semana* in dieser Woche — *al día siguiente* tags darauf — *¡Feliz Año Nuevo!* glückliches Neues Jahr! — *a los pocos días* wenige Tage später — *en buena hora* im richtigen Augenblick.

6. Uhrzeit, Uhr

Grundwortschatz: aguja, cuarto de hora, fin, instante, mañana, mediodía, minuto, momento, noche, reloj, segundo, tarde — andar, indicar, pararse, sonar — exacto, lento, medio, preciso, rápido, regular.

el reloj de pared/pulsera	die Wand-/Armbanduhr
el despertador	der Wecker
la esfera	das Zifferblatt; die Kugel
la aguja horaria	der Stundenzeiger
el relojero	der Uhrmacher
la relojería	die Uhrmacherei, das Uhrengeschäft
adelantar/retrasar	vor-/nachstellen
quedarse parado	stehenbleiben
ir atrasado/adelantado	nach-/vorgehen

dar cuerda (al reloj)	(die Uhr) aufziehen
puntual	pünktlich

Sätze und Redewendungen: *¡mire la hora!* schauen Sie mal auf die Uhr! — *es la una* es ist ein Uhr — *son las tres en punto* es ist genau drei Uhr — *están dando las tres* es schlägt gerade drei Uhr — *acaban de dar las cuatro* es hat soeben vier Uhr geschlagen — *son las siete dadas* es ist schon sieben Uhr vorbei — *son las nueve y media/menos (un) cuarto* es ist 9.30/8.45 — *¿a qué hora viene?* um wieviel Uhr kommt er/sie? — *a eso de las ocho* so um acht Uhr (etwa) — *¿Vd. tiene la hora exacta?* haben Sie genaue Zeit? — *mi reloj no marcha bien* meine Uhr geht nicht richtig — *puse mi reloj según él de la estación* ich habe meine Uhr nach der Bahnhofsuhr gestellt — *iba retrasado/adelantado* sie ging nach/vor — *falta de puntualidad* Unpünktlichkeit — *un día* eines Tages — *días enteros* tagelang — *cada día* täglich — *esta noche/de noche* heute nacht/nachts — *a cualquier hora del día* zu jeder Tageszeit.

III. Weltall

7. Himmel und Weltall

Grundwortschatz: aire, cielo, distancia, espacio, este, estrella, luna, luz, naturaleza, maravilla, mundo, norte, oeste, punta, punto, sur, tierra — aparecer, ponerse, salir — alto, azul, brillante, claro, espléndido, lejos, sombrío, vasto.

el universo	das Weltall
la creación	die Schöpfung
el fenómeno natural	die Naturerscheinung
el cuerpo celeste	der Himmelskörper
el planeta/satélite	der Planet/Satellit
el arco iris	der Regenbogen
el claro de luna/plenilunio	der Mondschein/Vollmond
la puesta del sol, el ocaso	der Sonnenuntergang
los puntos cardinales	die Himmelsrichtung
el horizonte	der Horizont
dar vueltas alrededor de uc	sich um etw drehen
resplandecer	glänzen, strahlen
alumbrar/deslumbrar	beleuchten/(ver)blenden
creciente/menguante	zunehmend/abnehmend *(Mond)*

grandioso, a/asombroso, a	großartig/erstaunlich
sublime/majestuoso, a	erhaben/würdevoll
infinito, a/ilimitado, a	unendlich/unbegrenzt
meridional/septentrional	südlich/nördlich

Sätze und Redewendungen: *en el cielo* am Himmel — *al aire libre* im Freien — *poner por las nubes* in den Himmel heben — *a la salida/caída del sol* = *al salir/ponerse el sol* bei Sonnenaufgang/-untergang — *ya oscurece* es wird schon dunkel — *de sol a sol* von morgens bis abends — *estar en sus glorias* im siebten Himmel sein — *está más oscuro que boca de lobo* es ist dunkel wie in einem Sack.

8. Wetter

Grundwortschatz: calor, cielo, clima, lluvia, niebla, nieve, nube, relámpago, sol, sombra, temperatura, tempestad, tiempo, trueno, viento — caer, cesar, llover, mudar, soplar, sudar — agradable, caliente, claro, fresco, frío, fuerte, húmedo, mojado, oscuro, sombrío, templado.

el cambio del tiempo	der Wetterumschlag
la previsión del tiempo	die Wettervorhersage
el parte meteorológico	der Wetterbericht
la presión atmosférica	der Luftdruck
el termómetro/barómetro	das Thermometer/Barometer
el temporal/la tormenta	das Unwetter/Gewitter
la neblina	der Nebel
las precipitaciones	die Niederschläge
la llovizna	der feine Regen
el chaparrón	der Regenguß
la ráfaga	der Windstoß
el rocío	der Tau
la nevada	der Schneefall
el granizo/hielo	der Hagel/Frost
el estío	der Sommer
encapotarse/anublarse	sich bedecken/sich bewölken
aclararse/escampar	aufklären *itr*/aufhören zu regnen
mojarse, calarse	naß werden
reventar	ausbrechen *(Gewitter)*
inundar	überschwemmen
tiritar (de frío)	zittern (vor Kälte)
variable/estable	veränderlich/beständig

soleado, a/sereno, a	sonnig/heiter
sofocante/bochornoso, a	erstickend/schwül
glacial	eisig

Sätze und Redewendungen: *hace buen/mal tiempo* es ist schönes/schlechtes Wetter — *tengo frío/calor* ich friere/mir ist warm — *el tiempo está para llover* es sieht nach Regen aus — *el termómetro está fijo en el buen tiempo/el tiempo sigue siendo bueno* das Wetter bleibt weiterhin schön — *pica el sol* die Sonne sticht — *hace bochorno* es ist schwül — *llueve a cántaros* es regnet in Strömen — *estoy calado hasta los huesos* ich bin naß bis auf die Haut — *hace un frío de lobo* es ist eine Hundekälte — *a mal tiempo buena cara* gute Miene zum bösen Spiel — *el tiempo está cambiando* das Wetter schlägt um — *tendremos lluvia* es gibt Regen — *¡qué tiempo más malo/soberbio!* welch scheußliches/herrliches Wetter!

9. Erd- und Länderkunde

Grundwortschatz: agua, aldea, arena, arroyo, aspecto, cabo, camino, ciudad, colina, costa, cumbre, curso, fuente, hierba, huerta, isla, lago, lugar, llano, mar, montaña, monte, país, paisaje, parte, pico, piedra, planta, puerto, punta, río, rumbo, sitio, tierra, valle, vista — correr (río), cubrir, extender, formar, separar, viajar — alto, bajo, fértil, lejos, llano, profundo — a través de, al lado de, detrás de, encima de, cerca de.

la tierra firme/el continente	das Festland/der Kontinent
el polo Norte/Sur	der Nord-/Südpol
los trópicos	die Tropen
los países ultramarinos	die überseeischen Länder
el terremoto	das Erdbeben
la llanura/el campo raso	die Ebene/das offene Feld
la meseta, el altiplano	die Hochebene
la selva virgen	der Urwald
el prado/pasto	die Wiese/Weide
la cordillera	die Kordillere
el yermo	das Ödland
la roca, peña, el peñón	der Fels
el precipicio/barranco	der Abgrund/die Schlucht
la ladera, cuesta	der Abhang
la ribera	das (Fluß-)Ufer
la ría/desembocadura	die Bucht/Mündung
la península	die Halbinsel

el afluente	der Nebenfluß
el riachuelo/manantial	der Bach/die Quelle
el pantano/barro	der Stausee/Schlamm
el litoral	das Küstengebiet
la cima	der Gipfel, Wipfel
el salto de agua	der Wasserfall
la tribu	der (Eingeborenen-)Stamm
variado, a/monótono, a	abwechslungsreich/eintönig
árido, a/pantanoso, a	trocken/sumpfig
pedregoso, a	steinig
cubierto de bosques	waldig
escarpado, a	steil
denso, a	dicht
indígena	eingeboren

Sätze und Redewendungen: *sobre el nivel del mar* über dem Meeresspiegel — *el Ebro nace/pasa por/desemboca* der Ebro entspringt/fließt durch/mündet — *ir a orillas del mar* ans Meer gehen — *en el campo* auf dem Lande — *en la isla* auf der Insel — *irse con la corriente* mit dem Strom schwimmen — *por montes y valles* über Berg und Tal.

Geographische Bezeichnungen, die in der Form vom Deutschen ziemlich abweichen: *Argel* Algier — *Austria/austríaco* Österreich/österreichisch — *Amberes* Antwerpen — *brasileño* brasilianisch — *Burdeos* Bordeaux — *Colonia* Köln — *Cataluña* Katalonien — *europeo* europäisch — *Estados Unidos* USA — *asiático* asiatisch — *guatemalteco* Einwohner von Guatemala — *Ginebra* Genf — *gallego* Bewohner Galiciens — *Hungría* Ungarn — *indio* Indianer; Inder — *japonés* japanisch — *Lisboa* Lissabon — *Londres* London — *Marruecos* Marokko — *México* Mexiko — *Munich* München — *el Mar Mediterráneo* das Mittelmeer — *Oporto* Porto — *panameño* Bewohner von Panama — *salvadoreño* Bewohner von Salvador — *Suiza* Schweiz — *Suecia* Schweden — *Viena* Wien — *vasco* baskisch.

10. Raum, Lage im Raum

Grundwortschatz: base, borde, cabo, centro, dirección, distancia, entrada, esquina, extensión, frente, frontera, lado, lugar, posición, punto, rincón, situación, tamaño — alto, bajo, derecho, estrecho, exterior, extremo, interior, izquierdo, largo, llano, lleno, vacío, vasto — al lado de, aquí, allí, alrededor, cerca, debajo, delante, dentro, detrás, encima, fuera, en todas partes, más allá, a través.

el primer/segundo plano	der Vorder-/Hintergrund
la parte superior/inferior	das Ober-/Unterteil
la meta	das Ziel
el término	das Ende, die Grenze
la lejanía/proximidad	die Ferne/Nähe
difundir, propagar	aus-, verbreiten
confinar (con)	angrenzen (an)
arrimar	annähern, näherbringen
extraviar/extraviarse	irreführen/sich verirren
desbordar	überlaufen, -quellen
contiguo, a	angrenzend
aislado, a, apartado, a	isoliert, abgetrennt
al alcance de	erreichbar
vertical/horizontal	senkrecht/waagrecht

Sätze und Redewendungen: *llegar a la meta/lograr su fin* ans Ziel gelangen — *está fuera/dentro* er ist draußen/drinnen — *ver de cerca* aus der Nähe sehen — *a lo lejos* in der Ferne — *aquí y allá* hier und da — *tomar por base* zugrunde legen — *estar de pie/sentado/puesto/echado/situado* stehen/sitzen/liegen *(Sachen)*/liegen *(Personen)*/liegen *(Ort)*.

IV. Mensch

11. Körper

Grundwortschatz: boca, brazo, cabello, cabeza, cara, carne, cerebro, corazón, cuello, cuerpo, dedo, diente, espalda, estómago, frente, garganta, grasa, hombro, hueso, labio, lengua, mano, mejilla, miembro, nariz, ojo, oreja, pecho, pelo, pie, piel, pierna, puño, rodilla, rostro, sangre, tronco, vientre — blanco, caliente, ciego, débil, delgado, derecho, exterior, feo, fino, frío, fuerte, gordo, gracioso, grueso, hermoso, interior, izquierdo, ligero, lindo, moreno, mudo, negro, pálido, pesado, rojo, rubio, sordo.

el aspecto físico	das Äußere *(Personen)*
la parte delantera/trasera	die Vorder-/Hinterseite
el cráneo	der Schädel
la pupila/el párpado	die Pupille/das Lid
la dentadura/el paladar	das Gebiß/der Gaumen
la espina dorsal	die Wirbelsäule
la nuca	der Nacken

la barriga	der Bauch
el muslo/músculo	der Schenkel/Muskel
la costilla	die Rippe
las entrañas	die Eingeweide
el pulmón/hígado/riñón	die Lunge/Leber/Niere
el codo/la palma	der Ellbogen/die Handfläche
el pulgar/la uña	der Daumen/Finger-, Zehennagel
la planta del pie/el talón	die Fußsohle/Ferse
el nervio/pulso	der Nerv/Puls
el cutis/la tez	die Haut/Hautfarbe
el aliento	der Atem
la saliva	der Speichel
el sudor	der Schweiß
el olfato/tacto	der Geruch-/Tastsinn
robusto, a, vigoroso, a	kräftig
flaco, a/decrépito	schlaff/gebrechlich
calvo, a/peludo, a	kahl/behaart
diestro, a/torpe	geschickt/linkisch
garboso, a/gallardo, a	anmutig/stattlich
sordomudo, a	taubstumm
cojo, a	hinkend
corto de vista	kurzsichtig
duro de oído	schwerhörig
pardo, a	graubraun

Sätze und Redewendungen: *boca abajo/arriba* auf dem Bauch/Rücken — *de puntillas* auf den Zehenspitzen — *alargar las orejas* die Ohren spitzen — *meter las narices en uc* seine Nase in etw stecken — *decir cara a cara* ins Gesicht sagen — *echar en cara* unter die Nase reiben — *de pies a cabeza* von Kopf bis Fuß — *tener a mano* bei der Hand haben — *sonarse* sich die Nase putzen — *engordar/adelgazar/envejecer/caer enfermo/ponerse colorado/quedarse ciego* dick/schlank/alt/krank/rot/blind werden.

12. Aussehen und Bewegungen

Grundwortschatz: actitud, aspecto, cara, color, expresión, gesto, golpe, movimiento, paso — acercarse, andar, aparecer, apoyarse, avanzar, bajarse, deslizar, empujar, esconder, extender, inclinar, levantarse, llevar, marchar, meter, pararse, pisar, precipitarse, recoger, regresar, reír, respirar, sacar, saltar, sentarse, sonreír, tirar — alegre, alto, amable, bajo, bello, bonito, delgado, dulce, fino, fuerte, gordo, ligero, pálido, pesado, sombrío, tranquilo, vivo.

la apariencia	das Aussehen, der Schein
el ademán	die Gebärde
la expresión de la cara	der Gesichtsausdruck
menear (la cabeza)	(den Kopf) schütteln
estrechar (la mano)	(die Hand) drücken
hacer muecas	Grimassen schneiden
pestañear/guiñar los ojos	blinzeln/zwinkern
resbalar	ausrutschen
volcar	umstürzen
atropellar	umrennen, -fahren
tropezar	stolpern
arrastrar	schleppen
hacer señas	winken
arrojar	schleudern, werfen
topar con, chocar con	zusammenstoßen, -treffen mit
sobresaltar	zusammenzucken
agarrar	packen, angreifen
desprender/desprenderse	losmachen/sich lösen

Sätze und Redewendungen: *por las apariencias* dem Anschein nach — *para salvar las apariencias* zum Schein — *las apariencias engañan* der Schein trügt — *saltar a la vista* auffallen — *los pelos se me ponen de punta* die Haare stehen mir zu Berg — *se le ha caído el pelo* er ist erwischt worden — *tener anchas las espaldas* ein dickes Fell haben.

13. Sinne

Grundwortschatz: aspecto, atención, calor, dolor, impresión, luz, oído, ojo, olor, ruido, vista, voz — contemplar, cuidar, distinguir, doler, entender, escuchar, mirar, observar, oír, oler, percibir, picar, sentir, tocar, ver — agradable, agudo, alegre, amable, amargo, bello, bonito, bueno, capaz, ciego, claro, cruel, delicado, dulce, duro, feliz, feo, fresco, frío, hermoso, húmedo, malo, mojado, mudo, oscuro, pesado, seco, sordo.

los órganos de los sentidos	die Sinnesorgane
la agudeza visual	die Sehschärfe
la nitidez, claridad	die Deutlichkeit
el perfume	der Duft, das Parfüm
el alboroto	der Lärm, die Unruhe
chillar	kreischen, quietschen
sollozar/suspirar	schluchzen/seufzen

afligir	betrüben
afectar	(innerlich) berühren
susurrar	flüstern
sosegar	beruhigen
discernir	erkennen
insinuar	einflüstern, nahelegen
seducir	verführen
adular	schmeicheln
visible	sichtbar
sensible (a)	empfindlich (gegen)
sabroso, a	schmackhaft
estrepitoso, a, ruidoso, a	lärmend
clandestino, a	heimlich
distraído, a	zerstreut
increíble	unglaublich

Sätze und Redewendungen: *echar una ojeada a* einen Blick werfen auf — *que vale la pena de ver* sehenswert — *tomar el gusto a la música* Gefallen an der Musik finden — *¿le gusta a Vd. la comida?* schmeckt Ihnen das Essen? — *tener buen/mal gusto* einen guten/schlechten Geschmack haben — *comer con ganas* es sich schmecken lassen — *de buen/mal gusto* geschmackvoll/-los — *con mucho gusto* sehr gern — *parecer blando al tacto* sich zart anfühlen — *volver la cabeza* sich umschauen — *me siento mal* ich fühle mich nicht wohl — *a media voz/a medio llenar/entreabierto/semiculto* halblaut/-voll/-offen/-gebildet.

14. Leben und Tod

Grundwortschatz: accidente, cenizas, lágrima, muerte, víctima, vida — acabar, enterrar, estar bueno/malo, existir, llorar, matar, morir, nacer, salvar, sufrir, terminar, vivir — enfermo, humano.

el entierro	das Begräbnis
el cementerio	der Friedhof
el ataúd	der Sarg
la tumba, el sepulcro	die Grabstätte
el cortejo fúnebre	der Leichenzug
el fallecido	der Verstorbene
la misa de difuntos	die Totenmesse
el duelo/luto	die (innerliche/äußerliche) Trauer
el llanto	das Weinen, Wehklagen
el cadáver	die Leiche
el pésame	das Beileid

suicidarse	Selbstmord begehen
envenenar	vergiften
asesinar	ermorden
arrebatar	wegraffen, mitreißen
subsistir	(fort)bestehen
caduco, a	hinfällig

Sätze und Redewendungen: *llevar al cementerio* zu Grabe tragen — *llevar luto* Trauer tragen — *fingirse el muerto* sich tot stellen — *estar con vida* am Leben sein — *resultar muerto* ums Leben kommen — *sacrificar su vida por* sein Leben opfern für — *en vida* bei Lebzeiten — *hacer vida con up* mit jdm zusammenleben — *tener con que vivir* sein Auskommen haben — *aquí yace* hier ruht.

15. Gesundheit, Krankheit, Heilung

Grundwortschatz: cama, doctor, dolor, farmacia, fiebre, herida, hospital, malo, médico, operación, peligro, remedio, sangre — acostarse, aplicar, aumentar, caer enfermo, cansarse, coger, cuidar, curar, doler, estar bueno/malo/enfermo, examinar, mudar, ordenar, quejarse, quemar, recomendar, romper, salvar, sentir, sudar, sufrir, soportar, tratar — bueno, cansado, grave, leve, malo, mejor, pálido, peor, sano, triste.

el malestar/bienestar	das Unbehagen/Wohlbefinden
el tratamiento	die Behandlung
la mejoría	die Besserung
la recaída	der Rückfall
el restablecimiento	die Wiederherstellung
la convalecencia	die Genesung
el contagio	die Ansteckung
la inflamación	die Entzündung
la fatiga	die Müdigkeit, Erschöpfung
la calentura	das Fieber
el vértigo/desmayo	der Schwindel/die Ohnmacht
la úlcera	das Geschwür
la quemadura/picadura	die Verbrennung/der Stich
el dolor de cabeza/de muelas	das Kopf-/Zahnweh
el comprimido, la pastilla	die Tablette
la inyección	die Spritze
el constipado, resfriado	die Erkältung
la receta	das Rezept

el seguro de enfermedad	die Krankenkasse
la cartilla de seguro	der Krankenschein
el consultorio	das Sprechzimmer
la hora de consulta	die Sprechstunde
el estado de salud	der Gesundheitszustand
el certificado de sanidad	das Gesundheitszeugnis
toser	husten
estornudar	niesen
agravarse/aliviarse	sich verschlimmern/sich erholen
padecer (de)	leiden (an)
echar sangre	bluten
acometer	befallen
escupir	spucken
indispuesto, a	unwohl
enfermizo, a/doliente	kränklich/(lange) leidend
extenuado, a/desvanecido, a	erschöpft/ohnmächtig
hinchado, a	(auf)geschwollen
paralizado, a	gelähmt
incurable	unheilbar
saludable/eficaz	heilsam/wirksam

Aktionsreihe: *no me siento bien* ich fühle mich nicht wohl — *tal vez cogí un resfriado* vielleicht habe ich mich erkältet — *¡manda a buscar al médico!* laß den Arzt holen! — *el médico viene y examina al enfermo* der Arzt kommt und untersucht den Kranken — *Vd. tiene mala cara* Sie sehen schlecht aus — *¿qué tiene?* wo fehlt's? — *me duele la cabeza* ich habe Kopfweh — *el médico toma el pulso* der Arzt prüft den Puls — *¡a ver la lengua!* zeigen Sie Ihre Zunge! — *toma la temperatura* er mißt die Temperatur — *prescribe algunos medicamentos* er verschreibt einige Medikamente — *indica el modo de empleo* er gibt die Gebrauchsanweisung an — *¡tome una cucharada cada tres horas!* nehmen Sie einen Löffel (voll) alle drei Stunden! — *¡cuide de su salud!* sorgen Sie für Ihre Gesundheit!

V. Seelen- und Gefühlsleben (cf 22)

16. Gute Eigenschaften, Tugenden

Grundwortschatz: amor, calidad, calma, carácter, confianza, cuidado, energía, fe, honor, justicia, valor, virtud, voluntad —

amable, capaz, constante, cortés, digno, dulce, encantado, exacto, fiel, fuerte, generoso, humilde, inocente, inteligente, justo, modesto, noble, perfecto, prudente, puro, sencillo, serio, simple, sincero, tierno, valiente.

la capacidad	die Fähigkeit
la cordialidad/cordial	die Herzlichkeit/herzlich
la generosidad/generoso,a	die Freigebigkeit/freigebig
la humildad	die Demut
la simplicidad	die Einfachheit
la sinceridad	die Aufrichtigkeit
la ingeniosidad	die Erfindungsgabe
la cortesía	die Höflichkeit
la decencia/decente	der Anstand/anständig
la modestia	die Bescheidenheit
la constancia	die Standhaftigkeit
la perseverancia	die Ausdauer
la prudencia	die Vorsicht
la sabiduría/sabio, a	die Weisheit/weise
la franqueza/franco, a	die Offenheit/offen
la pureza	die Reinheit
la sencillez	die Einfachheit
la intrepidez/intrépido, a	die Unerschrockenheit/unerschrokken
la aplicación/aplicado, a	der Fleiß/fleißig
la distinción/distinguido, a	die Vornehmheit/vornehm
la resolución/resuelto, a	die Entschlossenheit/entschlossen
la perfección	die Vollkommenheit
la ternura	die Zärtlichkeit
la exactitud	die Genauigkeit
la mansedumbre/manso, a	die Milde/milde, zahm
el coraje	der Mut
el desinterés/desinteresado, a	die Selbstlosigkeit/selbstlos

afectuoso, a	liebevoll
respetuoso, a	respektvoll
tolerante	duldsam
piadoso, a/compasivo, a	fromm/mitleidig
confidente	zuverlässig
casto, a	keusch

Sätze und Redewendungen: *cumplir con su palabra/su deber* sein Wort halten/seine Pflicht erfüllen — *bajo palabra de honor* auf Ehrenwort — *un hombre de bien* ein Ehrenmann — *dar las gracias por uc* für etw danken — *le quedo reconocido* ich bin Ihnen zu Dank verpflichtet — *de nada/no hay de qué* gern geschehen — *a sus órdenes/con mucho placer* bitte (recht gern) — *¿en qué puedo servirle a Vd.?* womit kann ich Ihnen dienen? — *¡hágame el favor de ...!* tun Sie mir den Gefallen, zu...! — *pedir perdón* um Verzeihung bitten — *¡dispénseme! ¡discúlpeme!* Entschuldigung! — *¡disponga de mí!* ich stehe Ihnen zur Verfügung — *dime con quién andas y te diré quién eres* sage mir, mit wem du umgehst, und ich sage dir, wer du bist.

17. Fehler, Laster

Grundwortschatz: cólera, crimen, culpa, curiosidad, desdén, engaño, envidia, falta, mentira, odio, orgullo — engañar, envidiar, insultar, maldecir, mentir, reñir, robar, vengar — barato, bueno, cobarde, cruel, duro, falso, ligero, loco, malo, ridículo, rudo, sucio, violento.

la brutalidad	die Grausamkeit
la hostilidad	die Feindseligkeit
la mezquindad/mezquino, a	die Kleinlichkeit/engherzig
la temeridad/temerario, a	die Tollkühnheit/tollkühn
la vanidad/vanidoso, a	die Eitelkeit/eitel
la arrogancia/arrogante	die Anmaßung/anmaßend
la astucia/astuto, a	die Schlauheit/schlau
la avaricia/avaro, a	der Geiz/geizig
la cobardía	die Feigheit
la tontería	die Dummheit
la grosería	die Gemeinheit
la hipocresía	die Heuchelei
la malicia	die Boshaftigkeit
la soberbia	der Hochmut
la ligereza	der Leichtsinn
la locura	die Verrücktheit
la rudeza	die Roheit
la pereza	die Faulheit
la obstinación	die Hartnäckigkeit
la avidez/ávido, a	die Begierde/gierig
el desprecio	die Verachtung
impertinente	frech
indiferente	gleichgültig
pródigo, a	verschwenderisch
pérfido, a	treulos

goloso, a	naschhaft
adulador	schmeichlerisch

Sätze und Redewendungen: *entregarse a un vicio* sich einem Laster ergeben — *montar en cólera* in Wut geraten — *disgustarse con up* auf jdn eine Wut haben — *estar de malas con up* mit jdm schlecht stehen — *darse tono* sich wichtig machen — *hacerse el sordo* sich taub stellen — *¡merecido lo tiene!* das geschieht ihm recht! — *no tiene importancia* das hat nichts zu bedeuten/ist nicht schlimm — *esto no sirve* das taugt nichts.

Typenreihe: *el malhechor* der Übeltäter — *el bellaco* der Schurke — *el bribón* der Strolch — *el canalla* der Schuft — *el pícaro* der Schelm — *el tramposo* der Schwindler — *el pillo* der Spitzbube.

18. Gefühle, Seelenzustände

a) Indifferenter Art

Grundwortschatz: actitud, alma, calma, causa, corazón, estado, humor, impresión, paciencia, sentimiento — acontecer, admirar, afirmar, consentir, contemplar, defender, determinar, disponer, proponer, sentir, tratar — humilde, igual, puro, tranquilo.

el estado de ánimo	der Seelenzustand
la disposición	die Veranlagung; Bereitschaft
la sensación	die Empfindung; das Aufsehen
la emoción	die Gemütsbewegung
el empeño	die Einsatzbereitschaft
la certeza, certidumbre	die Gewißheit
la afirmación	die Bestätigung
la objeción	der Einwurf
la reflexión	die Überlegung
la imaginación	die Einbildungskraft
el instinto	der Trieb, Instinkt
considerar	betrachten, erwägen
presumir	annehmen, mutmaßen
conmover	(innerlich) bewegen
hablador	gesprächig, mitteilsam
imparcial	unparteiisch
espontáneo, a	natürlich, spontan
aturdido, a	verblüfft
voluptuoso, a	wollüstig

discreto, a	zurückhaltend
ufano, a	stolz

Sätze und Redewendungen: *ser uña y carne* ein Herz und eine Seele sein — *estar en sí* seine fünf Sinne beisammen haben — *¡quítatelo de la cabeza!* schlag dir das aus dem Kopf! — *tener el alma en los labios* das Herz auf der Zunge haben — *hacerse el sosegado* sich ruhig stellen — *susceptible de mejora* verbesserungsfähig.

b) Heiterer, angenehmer Art

Grundwortschatz: afección, amigo, amistad, amor, caridad, cariño, dicha, fiesta, gana, gusto, juego, paz, perdón, placer, premio, provecho, regalo, reposo, risa, salud, vacaciones — abrazar, acoger, acompañar, adorar, agradecer, alabar, apreciar, atraer, ayudar, besar, cantar, consolar, divertir, enamorarse, favorecer, gozar, permitir, querer, recibir, reír, salvar, sonreír — bienvenido, blando, bonito, contento, dulce, fácil, feliz, gracioso, lindo, mejor, oportuno, perfecto, suave.

el pasatiempo/la diversión	der Zeitvertreib/die Ablenkung
el deleite/regocijo	die Ergötzung/Freude, der Jubel
el goce/gozo	die Wonne/der Genuß
la enhorabuena	der Glückwunsch
la guasa/la broma	der Scherz
el amorío	die Liebelei
el anhelo/la nostalgia	das Trachten/die Sehnsucht, das Heimweh
el auxilio	die Hilfe
recompensar	belohnen
reconciliar	versöhnen
compadecer	Mitleid haben
acariciar	liebkosen
entusiasmarse/exaltarse	sich begeistern/schwärmen
fascinar	hinreißen
flirtear/coquetear (con)	flirten/liebäugeln (mit)
portarse	sich (gut) betragen
embriagar	entzücken, berauschen
honesto, a	anständig
propicio, a	günstig
óptimo, a	vortrefflich
ingenuo, a	einfältig
viril	männlich

Sätze und Redewendungen: *¡que te diviertas!* viel Spaß! — *¡bromas aparte!* Spaß beiseite! *hace gracia* das macht mir Spaß — *dar gusto a up* jdm ein Vergnügen machen — *aficionarse a* Gefallen finden an — *está radiante de alegría* — er strahlt vor Freude — *soltar una carcajada* in Lachen ausbrechen — *no hay porqué reírse* das ist nicht zum Lachen.

c) Düsterer, unangenehmer Art

Grundwortschatz: defecto, desgracia, desierto, diablo, disgusto, dolor, lástima, locura, miedo, obstáculo, odio, pecado, peligro, pena, rabia, susto, traición, tristeza, veneno, venganza, vicio, víctima — aborrecer, aburrir, acusar, ahogar, amenazar, carecer, condenar, descuidar, desengañar, desesperar, despreciar, enojar, estorbar, insultar, llorar, matar, mentir, molestar, morir, negar, perder, preocuparse, prohibir, rechazar, sufrir — bruto, cruel, feo, grosero, horrible, infeliz, malo, miserable, oscuro, pálido, pobre, rudo, sombrío, sucio, triste, violento.

el desaliento	die Entmutigung
el reproche	der Vorwurf
la contrariedad	die Widerwärtigkeit
la contradicción	der Widerspruch
la aversión	die Abneigung
el fastidio/tedio	der Überdruß/die Langeweile
la aflicción	die Betrübnis, Trübsal
la angustia/congoja	die Angst/Beklemmung
el desconsuelo	die Trostlosigkeit
la inquietud	die Unruhe
la indignación	die Entrüstung
el rencor	der Groll
la desilusión	die Enttäuschung
la soledad	die Einsamkeit
la repugnancia/el asco	der Widerwille/Ekel
el tormento	die Qual
la injuria	die Beleidigung
la desdicha/desventura	das Unglück/Elend
la desventaja	der Nachteil
el apuro/aprieto	die Bedrängnis/Notlage
la bruja	die Hexe
la paliza	die Tracht Prügel

renunciar a	verzichten auf
irritar	reizen, erregen
enfadar	ärgern

vacilar	schwanken, zögern
halagar	schmeicheln
estremecer	erschüttern, schaudern
aguantar	aushalten
empeorar	verschlimmern
detestar	verachten
reprender	tadeln
pésimo, a	sehr schlecht
atroz	gräßlich, scheußlich
vulgar/vil	gemein, niedrig/niederträchtig
tremendo, a	furchtbar, gewaltig
melancólico, a	melancholisch, traurig

Sätze und Redewendungen: *estar malhumorado* in schlechter Stimmung sein — *no estar para fiestas* nicht zum Lachen aufgelegt sein — *morirse de aburrimiento* vor Langeweile sterben — *verlo todo negro* schwarz sehen — *muy a pesar mío* schweren Herzens — *estar sobresaltado* in Aufregung sein.

19. Religion, religiöses Gefühl (cf 31)

Grundwortschatz: ángel, caridad, cielo, conciencia, cristiano, cruz, culto, (el) cura, destino, diablo, Dios, domingo, esperanza, espíritu, fe, gloria, gratitud, iglesia, mensaje, milagro, misa, Navidad, oración, Pascua, patrón, pecado, perdón, piedad, religión, sacerdote, sacrificio, Semana Santa, vela, Viernes Santo, virgen, virtud — adorar, alabar, asistir, bendecir, cantar, celebrar, condenar, confesarse, confiar, creer, dedicarse, revelar, rezar, salvar — divino, eterno, fiel, firme, santo.

el poder supremo	die höchste Macht
el Salvador/Redentor	der Retter/Erlöser
la Santísima Virgen	die Heilige Jungfrau
la cristiandad	die Christenheit
el apóstol/profeta	der Apostel/Prophet
el papa/obispo	der Papst/Bischof
la profesión de fe	das Glaubensbekenntnis
la creencia	der Glaube
el infierno/paraíso	die Hölle/das Paradies
los mandamientos	die Gebote
la confesión	die Beichte
la comunión/confirmación	die Kommunion/Konfirmation
la resurrección	die Auferstehung

el bautismo	die Taufe
la parroquia	die Gemeinde
el monasterio/convento	das Kloster
el monje, fraile/la monja	der Mönch/die Nonne
el rezo/voto	das Gebet/Gelübde
el sermón/Padre Nuestro	die Predigt/das Vaterunser
el salmo/cántico	der Psalm/das Kirchenlied
el peregrino	der Pilger
el rosario	der Rosenkranz
el crucifijo/la hostia	das Kruzifix/die Hostie
el cáliz	der Kelch
la catedral	die Kathedrale
la capilla/el santuario	die Kapelle/das Heiligtum
la superstición	der Aberglaube
el sacrilegio	die Gotteslästerung
el pagano/ateo	der Heide/Atheist
persignarse	sich bekreuzigen
arrepentirse	bereuen
orar	beten
creyente/infiel	gläubig/ungläubig
sagrado, a/profano, a	heilig/weltlich
(in)mortal	(un)sterblich
fervoroso, a/fanático, a	inbrünstig/fanatisch
beato, a	selig, fromm; scheinheilig

Sätze und Redewendungen: *ir a misa* zur Messe gehen — *hacer la señal de la cruz* das Zeichen des Kreuzes machen — *ponerse de rodillas* sich hinknien — *rezar el rosario* den Rosenkranz beten — *ir a confesarse* beichten gehen — *cumplir con los mandamientos* die Gebote halten — *si Dios quiere* wenn Gott will — *colgar el hábito* aus der Kutte springen — *¡que el diablo le lleve!* der Teufel soll ihn holen!

20. Wollen, Absicht (Handeln, Tat) (cf 30/31)

Grundwortschatz: acción, actividad, acto, acuerdo, atención, consejo, energía, envidia, intención, pretexto, voluntad — aconsejar, adquirir, aplicar, aprobar, arreglar, controlar, convencer, ejecutar, exigir, imponer, insistir, ofender, ofrecer, oponer, pedir, preparar, protestar, querer, resistir, resolver, tentar.

la reclamación	die Forderung; Beanstandung
la pretensión	der Anspruch
el fomento	die Förderung

el inconveniente	die Schwierigkeit, das Hindernis
el ímpetu/empuje	die Angriffslust/der Tatendrang
la propuesta	der Vorschlag
la interdicción	das Verbot
el control	der Nachweis, die Kontrolle
la ambición	der Ehrgeiz
el celo, ahínco	der Eifer
el desafío	die Herausforderung
la hazaña, proeza	die Heldentat
exhortar, amonestar	ermahnen
competir (con)	in Wettbewerb treten (mit)
estimular	anreizen, -spornen
disimular	verheimlichen, heucheln
osar	wagen
conceder	gewähren, zugestehen
aspirar (a)	streben (nach); einatmen
actuar	handeln; auftreten *theat*
comprometerse (en)	sich verpflichten (zu)
planear	planen
fortuito, a, por casualidad	zufällig
cabal	völlig, vollständig
es menester	es ist notwendig

Sätze und Redewendungen: *llevar a la práctica* praktizieren — *sacar del apuro* aus der Verlegenheit helfen — *no ver inconveniente en* keine Bedenken haben, zu — *tener el firme propósito* die feste Absicht haben — *rehusar un pedido* eine Bitte abschlagen — *en caso de apuro* im Notfall — *por necesidad* notgedrungen — *no hay más remedio* es geht nicht anders — *¿con qué finalidad?* zu welchem Zweck? — *¡esto es inútil!* das hat keinen Zweck! — *y con razón* aus guten Gründen — *a la buena de Dios* planlos.

VI. Gesellschaft

21. Familie

Grundwortschatz: abuela, abuelo, amor, boda, cumpleaños, esposo, familia, hermana, hermano, hija, hijo, hogar, hombre, madre, marido, matrimonio, muerte, mujer, nacimiento, nieto, novia, novio, padre, padres, prima, primo, sobrina, sobrino, tía, tío, viuda, viudo — amar, casarse, crecer, morir, nacer, prometer — familiar, pariente.

la descendencia	die Abstammung
los antepasados	die Vorfahren
el bisabuelo/la bisabuela	der Urgroßvater/die Urgroßmutter
el pretendiente/prometido	der Freier/Verlobte
el ajuar/el, la dote	die Aussteuer/Mitgift
el anillo nupcial	der Ehering
la luna de miel	die Flitterwochen
el viaje de bodas	die Hochzeitsreise
los recién casados	die Neuvermählten
el suegro/la suegra	der Schwiegervater/die Schwiegermutter
los suegros	die Schwiegereltern
el cuñado/la cuñada	der Schwager/die Schwägerin
el yerno/la nuera	der Schwiegersohn/die Schwiegertochter
el padrastro/la madrastra	der Stiefvater/die Stiefmutter
el padrino/la madrina	der Pate/die Patin
la gravidez, el embarazo	die Schwangerschaft
el niño de pecho	der Säugling
los gemelos	die Zwillinge
el hijo natural/adoptivo	das uneheliche/adoptierte Kind
el soltero/la solterona	der Junggeselle/die alte Jungfer
el divorcio	die Ehescheidung
el huérfano	das Waisenkind
el nombre de pila	der Vorname
el sexo	das Geschlecht
el compadre	der Gevatter, Pate; *am* Freund
malcriado, a/muy educado, a	ungezogen/wohlerzogen
mimado, a	verwöhnt
paterno, a, paternal	väterlich
materno, a, maternal	mütterlich
mayor (de edad)	mündig

Sätze und Redewendungen (familiärer Stil): *¿no te da vergüenza?* schämst du dich nicht? — *¡déjate de estas tonterías!* laß diese Dummheiten (sein)! — *¡no me fastidie!* Schluß jetzt! — *no aguanto más* das halte ich nicht länger aus — *me estás cargando* du gehst mir auf die Nerven — *no sacas nada con eso* damit erreichst du nichts — *me la ha pegado* er hat mich drangekriegt — *todo sale mal hoy* alles geht (mir) heute schief — *anda loco por* er ist verrückt auf — *tiene gracia* er ist drollig — *ahora no me da por hacerlo* ich habe jetzt keine Lust dazu.

22. Soziale Gruppen und Beziehungen

Grundwortschatz: amigo, baile, campo, cita, ciudad, compañía, condición, costumbre, criado, diferencia, dinero, edad, encuentro, fiesta, gente, grupo, hombre, huésped, juego, miembro, mujer, multitud, oficial, partido, persona, población, poder, posesión, público, raza, regalo, relación, riqueza, tertulia, título, unión, vida — acompañar, bailar, encontrar, estimar, invitar, recibir, visitar — civil, cortés, igual, inferior, pobre, rico, semejante, superior.

la alta sociedad	die gute Gesellschaft
la clase media/inferior	der Mittelstand/die Unterschicht
la gente acomodada/humilde	die wohlhabenden/kleinen Leute
el orgullo de casta	der Standesdünkel
el coste de la vida	die Lebenshaltungskosten
el modo de vivir	die Lebensweise
el individuo/ciudadano	das Einzelwesen/der Bürger
el espíritu cívico	die staatsbürgerliche Gesinnung
la asistencia social	die soziale Fürsorge
la asociación (profesional)	der (Berufs-)Verband
el socio/asociado	das Mitglied/der Partner
el sindicato	die Gewerkschaft
el comportamiento	das Betragen
la veneración/reverencia	die Verehrung/Ehrfurcht
el homenaje	die Ehrung
el prestigio	das Ansehen
el compromiso	die Verpflichtung
el nivel de vida	der Lebensstandard
la renta	das Einkommen, die Rente
la reunión	die Sitzung, Versammlung
el festín/festival	das Bankett/die Festspiele
la gran afluencia	der Hochbetrieb, Andrang
la dedicación	die Widmung
la dignidad humana	die Menschenwürde
los derechos del hombre	die Menschenrechte
el compañero de juego/viaje	der Mitspieler/-reisende
la formalidad, los modales	das gute Benehmen
el cargo honorífico	das Ehrenamt
tutear	duzen
solemne	feierlich

irreverente	respektlos
de utilidad pública	gemeinnützig
privado, a	privat, persönlich

Sätze und Redewendungen: *le saludo atentamente suyo afmo* hochachtungsvoll — *(estoy) contento/encantado en conocerle* es freut mich, Sie kennenzulernen — *ponerse en contacto con* sich ins Benehmen setzen mit — *tiene buenos modales* er/sie hat gute Manieren — *tiene recomendaciones* er/sie hat gute Beziehungen — *¡déle muchos recuerdos!* bestellen Sie ihm viele Grüße! — *dar una fiesta* ein Fest veranstalten.

23. Sprache (cf 9; 66—68; 71)

Grundwortschatz: consejo, conversación, cuento, dirección, discurso, examen, expresión, lengua, letra, libro, literatura, mensaje, mentira, nombre, noticia, opinión, palabra, el parte, periódico, pregunta, sentido, voz — acusar, advertir, afirmar, agradecer, anunciar, avisar, comprender, comunicar, contar, contestar, charlar, decir, declarar, escribir, estudiar, explicar, expresar, firmar, gritar, hablar, juzgar, leer, llamar, nombrar, pedir, prometer, pronunciar, rogar, saber, saludar, traducir — alto, bajo, extranjero.

a) Das gesprochene und geschriebene Wort

el lenguaje/idioma/habla	die Sprechweise/Sprache/Rede, Mundart
el defecto de dicción/pronunciación	der Sprachfehler
el dominio linguístico	das Sprachgebiet
el profesor de idiomas	der Sprachlehrer
el talento linguístico	die Sprachbegabung
el modismo/la locución	die Redeweise/Redewendung
el rato de charla	das Plauderstündchen
el debate/la disputa	die Debatte/der Disput
las habladurías	der Klatsch
las palabrotas	die Schimpfwörter
el conflicto	der Streit
la proclamación	die Verkündigung
persuadir	überreden, überzeugen
dar a conocer	bekanntmachen
deliberar (sobre)	beraten (über)
recitar	vorlesen, vortragen
acentuar	betonen

murmurar	murmeln
tartamudear, balbucear	stottern
verboso, a/elocuente	wortreich/beredt
locuaz, parlanchín	geschwätzig
trillado, a, trivial	abgedroschen
rebuscado, a/afectado, a	gesucht/gekünstelt
ingenioso, a/insípido, a	geistreich/geistlos
importuno, a	aufdringlich, lästig

b) Sprachliche Ausdrucksformen

la petición, solicitud	das Gesuch
el solicitante	der Antragsteller
la documentación	die Unterlagen
el pliego (de papel)	der Bogen (Papier)
el relato, reportaje	der Bericht
el noticiario, diario hablado	die Nachrichten *(Radio)*
el reportero	der Berichterstatter
el corresponsal	der Auslandskorrespondent
el locutor, *am* **anunciante**	der Ansager *(Radio)*
el cuestionario	der Fragebogen
la copia (por triplicado)	die Abschrift (in dreifacher Ausfertigung)
el cartel	das Plakat
la publicidad	die Werbung
narrar/reproducir	erzählen/nacherzählen
sugerir	vorschlagen, anregen
hacer saber, enterar de	wissen lassen, mitteilen

Sätze und Redewendungen: *cortar la palabra a up* jdm ins Wort fallen — *someter a discusión* zur Sprache bringen — *llevar la voz cantante* das große Wort führen — *tener la lengua muy larga* eine freche Zunge haben — *medir la palabra* sich vorsichtig ausdrücken — *¡déjate de pamplinas!* hör auf mit dem Quatsch! — *¡ni hablar!* kommt nicht in Frage! — *¡palabras!* faule Ausreden! — *excusarse por carta* jdm abschreiben — *¿puedo proponerle?* darf ich Ihnen vorschlagen?

24. Kleidung und Schmuck

Grundwortschatz: abrigo, algodón, bolsa, bolsillo, botón, camisa, capa, cinturón, corbata, cuello, cuero, goma, guante, hilo, joya, lana, media, moda, oro, pantalones, paño, pañuelo, ropa, sombrero, tela, vestido, zapato — cortar, coser, gastar, llevar, poner(se) — ancho, barato, bonito, caro, estrecho, fino, grueso, ligero, moderno, nuevo, oscuro, pesado, precioso, simple, viejo.

los vestidos	die Kleider
el tejido	das Gewebe
paños y telas	Tuchwaren
artículos de piel	Lederwaren
géneros de punto	Strickwaren
el sastre/la costurera, modista	der Schneider/die Schneiderin
el traje de noche	das Abendkleid
el traje de deporte/baño	der Sport-/Badeanzug
la chaqueta, *am* **el saco**	die Jacke, Herrenjacke
el pijama/la bata	der Schlafanzug/Morgenrock
la americana	der Sakko
el calzoncillo	die Unterhose
la enagua, combinación	der Unterrock
el impermeable	der Regenmantel
el calzado/la chinela, zapatilla	das Schuhwerk/der Pantoffel
el abanico	der Fächer
el alfiler	die Stecknadel
el cierre de cremallera	der Reißverschluß
el delantal	die Schürze
el collar/brazalete	das Halsband/der Armreif
el chaleco/jersey	die Weste/der Pullover
la gorra	die Mütze
la blusa	die Bluse
la cartera/el monedero	die Brieftasche/ der Geldbeutel
el ojal	das Knopfloch
la manga	der Ärmel
el corte/la raya	der Schnitt/Streifen, Strich
los trapos, andrajos	die Lumpen
la lavandera	die Waschfrau
el salón de alta costura	der Modesalon
el desfile de modelos	die Modeschau
los saldos, la liquidación	der Schlußverkauf
ir bien/mal	gut/nicht stehen
rasgar	zerreißen
remendar/zurcir	flicken/stopfen
apretarse/ensancharse	zu eng/weit werden

bordar/hacer labores de punto	sticken/stricken
plegar/arrugarse	falten/knittern
ensuciar/manchar	beschmutzen/beflecken
teñir	färben
desgastar	abnützen
dorado, a	vergoldet
a prueba de agua, impermeable	wasserdicht

Sätze und Redewendungen: *vestirse a la última moda* sich nach der letzten Mode kleiden — *este traje/vestido le va bien* dieses Kleid/dieser Anzug steht ihr/ihm gut — *¡múdate de ropa!* zieh dich um! — *está vestida con mucho gusto* sie ist sehr geschmackvoll gekleidet — *¡quítate el sombrero!* zieh deinen Hut ab! — *¡quítate los zapatos/guantes!* zieh die Schuhe/Handschuhe aus! — *¿qué número de calzado tiene?* was für eine Schuhnummer haben Sie? — *a medio vestir* nur halb angezogen — *fuera/pasado de moda* aus der Mode — *en mangas de camisa* in Hemdsärmeln — *¿dónde le aprieta el zapato?* wo drückt Sie der Schuh? — *el hábito no hace el monje* der Schein trügt — *es la mujer la que lleva los pantalones* die Frau hat die Hosen an.

25. Nachtruhe

Grundwortschatz: almohada, cama, cuarto, noche, sábana — acostarse, apagar, cansarse, descansar, despertar, levantarse, reposar, soñar — cansado, oscuro, tarde, temprano, tranquilo.

el dormitorio	das Schlafzimmer, der Schlafsaal
la cama de matrimonio	das Ehe-, Doppelbett
el lecho	das Lager, Bett *(a. Fluß)*
la manta/colcha	die Decke/Überdecke
el colchón	die Matratze
la posada	das Nachtquartier
el sereno	der Nachtwächter
el servicio nocturno	der Nachtdienst
la pesadilla	der Alpdruck
el insomnio	die Schlaflosigkeit
el perturbador	der Ruhestörer
el dormilón	der Langschläfer
dormitar/adormecerse	schlummern/einschlummern
roncar	schnarchen

velar/vigilar	wach, auf sein/bewachen
bostezar	gähnen
pernoctar	übernachten
soñoliento, a	schlaftrunken

Sätze und Redewendungen: *caerse de fatiga* vor Müdigkeit umfallen — *una noche blanca* eine schlaflose Nacht — *no pegar un ojo* kein Auge zutun — *dormir al sereno* im Freien schlafen — *¡ni por sueños!* nicht im Schlaf fällt mir das ein! — *poner sábanas limpias* frisch beziehen *(Bett)* — *dormir de un tirón* durchschlafen— *¡que Vd. descanse!* angenehme Ruhe! — *me está entrando sueño* ich werde müde.

26. Morgentoilette

Grundwortschatz: agua, baño, barba, cabello, cabeza, camisa, cara, cepillo, cuerpo, diente, espejo, jabón, labio, lavabo, mano, peine, piel, salud, toalla, zapato — afeitarse, lavar, levantarse, secar, vestirse — caliente, corriente, frío, limpio, mojado, sano, sucio.

el aseo	die Körperpflege
el cuarto de aseo	die Toilette
el tocador	der Toilettentisch
el grifo	der Wasserhahn
la palangana	die Waschschüssel
la jarra, el jarro	der Wasserkrug
la esponja	der Schwamm
el perfume	der Duft, das Parfüm
la maquinilla de afeitar	der Rasierapparat
la navaja/hoja de afeitar	das Rasiermesser/die Rasierklinge
la pasta dentífrica	die Zahnpasta
la lima para uñas	die Nagelfeile
la barrita, el lápiz de labios	der Lippenstift
la loción capilar	das Haarwasser
el elixir bucal	das Mundwasser
la pulcritud/el esmero	die Sauberkeit/Pflege
bañarse	baden
frotar/enjugarse, secarse	reiben/sich abtrocknen
maquillarse	sich schminken
rizado, a/ondulado, a	lockig/onduliert
hirsuto, a/liso, a	struppig/glatt

Aktionsreihe: *salto de la cama* ich springe aus dem Bett — *me pongo las zapatillas* ich ziehe die Pantoffeln an — *voy al tocador/cuarto de baño* ich gehe zum Frisiertisch/ins Badezimmer — *echo bastante agua en la palangana* ich gieße ziemlich viel Wasser in das Waschbecken — *uso una esponja* ich benütze einen Schwamm — *me enjabono la cara y las manos* ich seife mir Gesicht und Hände ein — *me seco con una toalla* ich trockne mich mit einem Handtuch ab — *me limpio los dientes con un cepillo* ich putze mir die Zähne mit einer Zahnbürste — *me afeito delante del espejo* ich rasiere mich vor dem Spiegel — *me peino* ich kämme mich — *me corto las uñas* ich schneide mir die Nägel — *me pongo un poco de perfume* ich parfümiere mich ein wenig — *antes de salir me pongo la camisa y heme listo* bevor ich hinausgehe, ziehe ich ein Hemd an und schon bin ich fertig.

VII. Ordnung

27. Einteilung und Wichtigkeit (Bedeutung)

Grundwortschatz: ausencia, condición, detalle, escala, especie, excepción, fondo, forma, género, grado, grupo, horario, intención, lista, masa, medida, método, miembro, orden, parte, partido, pedazo, pieza, porción, resultado, tipo, valor — componer, consistir, dividir, preferir, valer — alto, bajo, bueno, especial, extremo, general, igual, importante, malo, medio, particular, pequeño, principal, total, único.

la estación central	der Hauptbahnhof
el cuartel general	das Hauptquartier
la asignatura principal	das Hauptfach
los gastos accesorios	die Nebenkosten
la proposición subordinada	der Nebensatz
la suma total/parcial	der Gesamt-/Teilbetrag
la parte delantera/trasera	der vordere/hintere Teil
el conjunto/trozo	das Ganze/Stück
la sección, el departamento	die Abteilung
el sistema/régimen	das System/Regime; die Diät; Rektion
el procedimiento	das Verfahren
los pormenores	die Einzelheiten

predominar	überwiegen, vorherrschen
destacar	hervorheben; abkommandieren
subdividir/clasificar	unterteilen/einteilen
prescindir de	absehen von

proyectar	planen
rectificar	berichtigen
perjudicar	benachteiligen, schaden
gradual	stufenweise
inicial/final	Anfangs-/End-
original	ursprünglich; originell
imitado, a/artificial	nachgeahmt/künstlich
auténtico, a	echt
excesivo, a/desmesurado, a	übermäßig/maßlos
sobremanera adv	außerordentlich

Sätze und Redewendungen: *en alto grado* in hohem Grad — *poner de relieve* hervorheben — *dar importancia a uc* auf etw Wert legen — *conforme al horario* fahrplanmäßig — *insistir en uc* auf etw Nachdruck legen — *no quiero perjudicarle* ich will Sie nicht benachteiligen — *es lo de menos* das ist Nebensache — *la vista de conjunto* der Überblick — *la presión excesiva* der Überdruck — *demasiado maduro* überreif — *hora extraordinaria* Überstunde.

28. Reihenfolge (cf 1)

Grundwortschatz: cabo, clase, elemento, fila, fin, lugar, orden, posición, serie — acabar, cambiar, comenzar, contar, empezar, estorbar, interrumpir, mezclar, mudar, preferir, proceder, reemplazar, seguir, terminar — al lado de, delante de, detrás de, en seguida, entre, otro, primero, próximo, regular, segundo, último.

la sucesión, el turno	die Reihenfolge
la mudanza	der Wechsel; Umzug
la variedad	die Abwechslung
el suplemento	die Ergänzung, der Nachtrag
el tiempo de posguerra	die Nachkriegszeit
la clase de repaso	die Nachhilfestunde
la repercusión	der Nachhall
el primer grado	die Unterstufe
el curso inferior	der Unterlauf
el antebrazo	der Unterarm
la falta de peso	das Untergewicht
alternar	abwechseln
trasladar	verlegen, versetzen
invertir	umkehren; anlegen *(Geld)*
substituir	ersetzen

transmitir	weitergeben, -senden
rellenar	nachfüllen
suelto, a	gelöst, frei, vereinzelt
uno tras otro	hintereinander
uno sobre otro	übereinander
uno al lado de otro	nebeneinander
entre sí, entre ellos	untereinander
de antemano	im voraus
previo, a	vorhergehend

Sätze und Redewendungen: *por turno* der Reihe nach — *me toca a mí* ich bin an der Reihe — *en fila* in Reih und Glied — *para cambiar* zur Abwechslung — *la vida varía de día en día* das Leben ändert sich von Tag zu Tag — *cambiar de vida* sein Leben ändern — *las cosas cambian con el tiempo* die Dinge ändern sich mit der Zeit — *dos días seguidos* zwei Tage hintereinander — *seguir con los ojos* nachschauen — *poner en orden* in Ordnung bringen — *¡está bien!* in Ordnung! — *debidamente* ordnungsgemäß — *seguir viaje* weiterreisen — *decir a otros* weitersagen.

29. Vergleich

Grundwortschatz: contrario, diferencia, especie — aumentar, disminuir, distinguir, escoger — común, diferente, distinto, extraordinario, igual, inferior, mayor, menor, ordinario, parecido, raro, regular, semejante, superior — ¿ cómo ? ¿ cuál ? más, de manera que, menos, mismo, muy, otro, poco, tal.

igualar/coordenar	gleichstellen/gleichschalten
nivelar	ausgleichen
adaptar, ajustar	angleichen, anpassen
diferenciar	unterscheiden
comparar	vergleichen
opuesto, a	entgegengesetzt
idéntico, a/similar	gleichartig/gleichförmig
uniforme	einförmig
simultáneo, a	gleichzeitig
divergente	abweichend
paralelo, a	gleichlaufend
irregular	unregelmäßig
comparativo, a	vergleichend

Sätze und Redewendungen: *en comparación de/con* im Vergleich zu — *en oposición a/a distinción de* zum Unterschied von — *al contrario de* im Gegensatz zu — *con arreglo a* in Übereinstimmung mit — *es ministro o cosa así* er ist Minister oder so etwas Ähnliches — *sois tal para cual* ihr seid einer wie der andere — *viene a ser lo mismo* das bleibt sich gleich — *es cosa muy diferente* das ist etwas ganz anderes — *la realidad es bien distinta* die Wirklichkeit sieht ganz anders aus — *no podía ser de otro modo* es konnte nicht anders sein — *es muy diferente de nosotros* er ist ganz anders als wir.

30. Ursache, Wirkung, Zusammenhang (cf 19/20; 31; 63/64)

Grundwortschatz: causa, condición, efecto, éxito, fin, motivo, origen, razón, realidad, resultado, suceso — atraer, avanzar, causar, ceder, deber, juntar, ligar, seguir, tener que, terminar — necesario — por causa de, conforme, desde, a partir de, a pesar de, sin embargo.

la idea fundamental	der Grundgedanke
la condición principal	die Grundbedingung
el vicio capital	das Grundübel
la conexión	der Zusammenhang
la concepción del mundo	die Weltanschauung
el móvil	der Beweggrund
la coincidencia	das Zusammentreffen
la conclusión/eficacia	die Folgerung/Wirksamkeit
colaborar/cooperar	zusammenarbeiten/-wirken
ir juntos	zusammengehören
efectuarse	stattfinden, eintreten
llevar a efecto	zustande bringen
producir efecto	wirksam werden
ocasionar	hervorrufen
resultar	hervorgehen
estar relacionado (con)	zusammenhängen (mit)
proporcionar	verschaffen
trastornar	umstürzen, verwirren
eventualmente	unter Umständen
conque	also, folglich

Sätze und Redewendungen: *un suceso de graves consecuencias* ein folgenschweres Ereignis — *no tener motivo para* keinen Grund haben zu — *salir vencedor* als Sieger hervorgehen — *los móviles de su conducta* die Beweggründe für sein Verhalten — *como consecuencia* *de* infolge — *dar lugar a* Anlaß geben zu — *de ahí resulta* daraus ergibt sich — *se produjeron disturbios* es kam zu Unruhen — *estaba de Dios* es sollte sò kommen — *¿cómo es posible que?* wie kommt es, daß? — *como caiga* wie es gerade kommt — *eso no es cosa suya* das geht ihn nichts an — *desde este punto de vista* von diesem Gesichtspunkt aus — *tener relaciones con* in Verbindung stehen mit — *por lo que se refiere a nosotros* was uns angeht — *¡no faltaba más!* das fehlte gerade noch!

31. Schicksal (cf 19/20; 30)

Grundwortschatz: accidente, circunstancia, condición, destino, dicha, dolor, falta, favor, fortuna, merced, muerte, ocasión, porvenir, prueba, situación, suerte, voluntad — amenazar, caer, determinar, escapar, obedecer, oponer, quebrar, quejarse, renunciar, resistir, sufrir, vencer — en vano, futuro, grave, infeliz, necesario, serio, súbito, triste, violento.

la calamidad	die Not, das Unglück
la fatalidad	das Verhängnis
el sino	das Schicksal
la mala fortuna/suerte	das Unglück/Pech
el juego de azar	das Glücksspiel
la Providencia divina	die göttliche Vorsehung
la adversidad, el infortunio	das Mißgeschick
el desastre	das Unheil
la tentación	die Versuchung
la intervención	der Eingriff
la decisión	die Entscheidung
resignarse (a)	sich ergeben (in)
privarse (de uc)	sich berauben; verzichten (auf etw)
motivar, inducir	veranlassen
aciago, a, siniestro, a	unheilvoll
adverso, a	widrig
desgraciado, a	unglücklich

Sätze und Redewendungen: *un tiempo adverso* eine unglückselige Zeit — *un día aciago* ein Unglückstag — *mal casado* unglücklich verheiratet — *por desdicha suya* zu seinem Unglück — *sacar el gordo* das große Los gewinnen — *sobrellevar las desgracias* das Unglück ertragen — *le ha sido contraria la suerte* er hat kein Glück gehabt — *estar a los pies de los caballos* auf den Hund gekommen sein — *pasó por todas esas calamidades* er hat das alles durchmachen müssen.

VIII. Staatliche Ordnung

32. Volk, Staat, Regierung

Grundwortschatz: acuerdo, administración, bandera, cargo, consejo, estado, extranjero, fuerza, gobierno, influencia, jefe, ley, libertad, ministro, nación, opinión, orden, país, partido, patria, poder, política, presidente, programa, proyecto, pueblo, revolución, unión, voz — apoyar, aprobar, constituir, defender, dirigir, elegir, exigir, formar, impedir, nombrar, ordenar, proponer, representar — absoluto, civil, general, igual, independiente, libre, militar, público.

el estado federal	der Bundesstaat
el canciller	der Kanzler
el estadista/político	der Staatsmann/Politiker
el territorio nacional	das Staatsgebiet
el país natal	die Heimat
el súbdito	der Staatsangehörige
el compatriota	der Landsmann
la constitución	die Verfassung
el poder legislativo	die gesetzgebende Gewalt
el poder ejecutivo	die ausführende Gewalt
la política exterior	die Außenpolitik
la política interior	die Innenpolitik
el diputado	der Abgeordnete
la asamblea nacional	die Nationalversammlung
la asamblea plenaria	die Vollversammlung
el parlamento	das Parlament
la aprobación/recusación	die Zustimmung/Ablehnung
la anulación	die Aufhebung
el derecho de sufragio	das Wahlrecht
las elecciones	die Wahlen
la campaña electoral	die Wahlkampagne
la papeleta de voto	der Wahlzettel
las relaciones diplomáticas	die diplomatischen Beziehungen
el tratado comercial	der Handelsvertrag
la Embajada de España	die spanische Botschaft
el consulado	das Konsulat
el Ministerio de Asuntos Exteriores	das Außenministerium
el Ministerio de Hacienda	das Finanzministerium
el Ministerio de Educación Nacional	das Kultusministerium
la sesión	die Sitzung

la ruptura	der Abbruch
la entrevista	die Begegnung, das Interview
el encargo	der Auftrag
la propaganda	die Propaganda
abdicar/dimitir	abdanken/zurücktreten
rechazar	abweisen, ablehnen
deliberar	beraten über
nombrar	ernennen
disolver	auflösen
aplazar	vertagen
garantizar	garantieren
requerir	erfordern
organizar	organisieren
unánime	einstimmig
legítimo, a	rechtmäßig
autónomo, a	unabhängig
socialista/comunista	sozialistisch/kommunistisch
democrático, a	demokratisch
republicano, a	republikanisch
salvo prp	außer, vorbehaltlich

Sätze und Redewendungen: *por razones de política* aus politischen Gründen — *la toma del poder* die Machtergreifung — *romper las relaciones diplomáticas* die diplomatischen Beziehungen abbrechen — *pedir plenos poderes* Vollmacht beantragen — *firmar/violar un tratado* einen Vertrag unterzeichnen/brechen — *pedir el voto de confianza* die Vertrauensfrage stellen — *asistir a un congreso* an einer Tagung teilnehmen — *pedir la palabra* ums Wort bitten — *presentar/adoptar un proyecto de ley* einen Gesetzentwurf vorlegen/annehmen — *poner en vigor* in Kraft setzen — *tomar una decisión* einen Beschluß fassen — *la mayoría de los votos* die Stimmenmehrheit/meisten Stimmen — *tener éxito en las elecciones* bei den Wahlen gut abschneiden — *los izquierdistas* die Linke — *rechazar una moción* einen Antrag ablehnen.

33. Rechtsprechung

Grundwortschatz: acción, acto, autor, caso, causa, circunstancia, crimen, culpa, derecho, documento, error, falta, hecho, juez, juicio, justicia, ladrón, ley, libertad, mentira, merced, misterio, motivo, pena, perdón, prisión, propietario, prueba, razón, testigo, traidor, tribunal, verdad — acusar, admitir, atacar, castigar, citar, cometer, condenar, confesar, convencer, declarar, defender, detener, ejecutar, examinar, jurar, juzgar, matar, ofender, perseguir, prender, probar, proceder, reclamar, robar, sospechar — evidente, falso, grave, libre, severo.

el Palacio de Justicia, *am* **la Corte**	der Gerichtshof; Justizpalast
el magistrado	der Richter; Staatsanwalt
el abogado	der Rechtsanwalt
el fiscal	der Staatsanwalt
el jurado	der Geschworene
el juez de paz/de instrucción	der Friedens-/Untersuchungsrichter
el demandante	der Kläger
el acusado/inculpado	der Angeklagte/Beschuldigte
el testigo ocular	der Augenzeuge
el litigio	der Rechtsstreit
el derecho civil/penal	das Zivil-/Strafrecht
la cita judicial	die Vorladung
el interrogatorio	das Verhör
la detención preventiva	die Untersuchungshaft
el acto de libertad	die Freilassung
la remisión de la pena	der Straferlaß
la apelación	die Berufung
la cadena perpetua	lebenslängliches Zuchthaus
la pena de muerte	die Todesstrafe
el delito	das Vergehen
la multa	die Geldstrafe
el plazo de prueba	die Bewährungsfrist
la corrupción	die Bestechung
el delito contra la honestidad	das Sittlichkeitsverbrechen
la calumnia	die Verleumdung
la defraudación de impuestos	die Steuerhinterziehung
la alta traición	der Hochverrat
encarcelar	einsperren
desterrar	verbannen
ahorcar/decapitar	erhängen/enthaupten
absolver	freisprechen
indemnizar	entschädigen
inculpar	beschuldigen
legal/ilegal	gesetzlich/ungesetzlich

conforme/contrario a la ley	rechtmäßig/rechtwidrig
atenuante/agravante	mildernd/belastend
competente	zuständig

Sätze und Redewendungen: *por vía judicial* auf dem Rechtsweg — *las sospechas caen en* der Verdacht fällt auf — *dar pruebas* Beweise erbringen — *echar la culpa a up* jdm die Schuld geben — *reconocerse culpable* sich schuldig bekennen — *el abogado defiende a su cliente* der Rechtsanwalt verteidigt seinen Mandanten — *dictar una sentencia* ein Urteil fällen — *condenar a tres meses de prisión* zu drei Monaten Gefängnis verurteilen — *poner en libertad por falta de pruebas* mangels Beweisen auf freien Fuß setzen — *protestar de su inocencia* seine Unschuld beteuern — *interponer apelación* Berufung einlegen — *cumplir condena* eine Strafe verbüßen.

34. Verwaltung und Polizei

Grundwortschatz: administración, aduana, alcalde, ayuntamiento, capital, cargo, ciudad, comunidad, dirección, empleo, noticia, oficial, oficina, orden, policía, público, sueldo, tráfico — admitir, aprobar, avisar, buscar, controlar, declarar, descubrir, detener, funcionar, mantener, nombrar, pedir, prohibir, vigilar — oficial, público, seguro.

la autoridad administrativa	die Verwaltungsbehörde
la administración municipal	die Gemeinde-/Stadtverwaltung
el reglamento	die Dienstvorschrift
el decreto	die Verordnung
la comisaría de distrito	das Polizeirevier
el agente de policía	der Polizeibeamte
el cuerpo de seguridad	die Sicherheitspolizei
la brigada criminal	die Kriminalpolizei
la patrulla de policía	die Polizeistreife
la hora de cierre	die Polizeistunde
el registro del estado civil	das Standesamt
el lugar/año de nacimiento	der Geburtsort/das Geburtsjahr
la partida de nacimiento	die Geburtsurkunde
el domicilio anterior	der vorherige Wohnsitz
el visado de permanencia	das Aufenthaltsvisum
el control de pasaportes	die Paßkontrolle
el despacho aduanero	die Zollabfertigung
la delegación de Sanidad	das Gesundheitsamt

el parque de bomberos	die Feuerwache
la delegación de Hacienda	die Steuerbehörde
la percepción de impuestos	die Steuererhebung
(el) alta f en la policía	die polizeiliche Anmeldung
la búsqueda de habitaciones	die Wohnungssuche
el aviso oficial	die öffentliche Bekanntmachung
el Boletín Oficial	das Amtsblatt

darse de alta/baja	sich an-/abmelden
extender	ausstellen *(Urkunde)*
autorizar	ermächtigen
registrar	eintragen, einschreiben

Sätze und Redewendungen: *para mayor seguridad* sicherheitshalber — *tomar posesión de un cargo* ein Amt antreten — *ejercer una función* ein Amt bekleiden — *probar su identidad* sich ausweisen — *hasta nuevo aviso* bis auf Widerruf — *dar fe de una copia* eine Abschrift beglaubigen — *faltar a sus deberes* seine Pflichten versäumen — *delante de todo el mundo* vor aller Öffentlichkeit — *tener buena reputación* einen guten Leumund haben — *a ojos vistas* vor aller Augen.

35. Militär: Heer

Grundwortschatz: arma, atención, bandera, capitán, cargo, cinturón, compañía, deber, defensa, ejército, frente, fuerza, general, gloria, golpe, grupo, guardia, guerra, jefe, médico, oficial, orden, el parte, peligro, permiso, servicio, soldado, sueldo, tienda — crecer, esforzarse, evitar, guardar, mandar, marchar, ordenar, proteger, servir, tentar, tirar, vigilar — cobarde, especial, inferior, militar, moderno, superior.

las fuerzas armadas	die Streitkräfte
el servicio militar obligatorio	die (allgemeine) Wehrpflicht
el paisano	der Zivilist
la carrera militar	die militärische Laufbahn
el llamamiento (a filas)	die Einberufung
el recluta	der Rekrut
el oficial/soldado raso	der Offizier/gemeine Soldat
el ascenso	die Beförderung
el estado mayor	der Generalstab
la infantería/el infante	die Infanterie/der Infanterist

la caballería/el jinete	die Kavallerie/der Reiter
la artillería/el artillero	die Artillerie/der Artillerist
las unidades blindadas	die Panzertruppe
el zapador	der Pionier
las tropas de transmisiones	die Nachrichtentruppe
el armamento	die Bewaffnung
el casco	der Helm
el fusil/la ametralladora	das Gewehr/Maschinengewehr
el proyectil/la bala	das Geschoß/die Kugel
el tiro, disparo	der Schuß, Abschuß
la trayectoria	die Geschoßbahn, *a.* Lebensweg
la centinela	die Wache
el patio de instrucción	der Exerzierplatz
la disciplina	die Disziplin
el horario del servicio	der Dienstplan
el cuartel	die Kaserne
el relevo de la guardia	die Wachablösung
el mando	der Befehl, die Befehlsgewalt
el general (de división)	der (Divisions-)General
el comandante (supremo)	der Major (Oberbefehlshaber)
el teniente/alférez	der Leutnant/Fähnrich
el brigada/primer sargento	der Oberfeldwebel/Feldwebel
el suboficial	der Unteroffizier *(allgemein)*
el regimiento	das Regiment
equipar, proveer	ausrüsten, versehen
armar/desarmar	bewaffnen/entwaffnen
cuadrarse	stramm-, stillstehen
formar/romper las filas	antreten/wegtreten
pasar lista	aufrufen
pasar revista	vorbeimarschieren
juntarse	sich versammeln
ejercitar	exerzieren
voluntario, a	freiwillig

Sätze und Redewendungen: *útil para el servicio* diensttauglich — *jurar la bandera* den Fahneneid leisten — *ir de paisano* Zivil tragen — *cumplir la orden* den Befehl ausführen — *listo para salir* abmarschbereit — *por orden de* auf Befehl von — *bajo el mando de* unter dem Befehl von — *ascender a oficial* zum Offizier befördert werden — *rendir honores* eine Ehrenbezeigung machen — *estar de guardia* auf Wache stehen.

Befehle: *¡formar!* antreten! — *¡alinear!* richt euch! — *¡firmes!* stillgestanden! — *¡media vuelta a derecha!* rechts um! — *de frente, ¡marchen!* vorwärts marsch! — *¡alto!* halt!
Aktionsreihe: *cargar* laden — *apuntar* anlegen — *visar* zielen — *disparar* abdrücken — *estallar* knallen — *dar en el blanco* treffen — *errar el blanco* fehlgehen.

36. Militär: Marine, Luftwaffe (cf 57/58)

Grundwortschatz: cf 57/58

la marina de guerra/ mercante	die Kriegs-/Handelsmarine
la guerra naval	der Seekrieg
el comercio marítimo	der Seehandel
la armada/flota	die Kriegsflotte/Flotte
el almirante	der Admiral
la escuadra	das Geschwader
la tripulación	die Besatzung
el astillero	die Werft
babor/estribor	Backbord/Steuerbord
el oleaje/mareo	der Seegang/die Seekrankheit
la embarcación/nave	das Schiff
el crucero/destructor	der Kreuzer/Zerstörer
el submarino	das U-Boot
el portaaviones	der Flugzeugträger
el buque de carga	das Frachtschiff
el petrolero	der Tanker
el bote de salvamento	das Rettungsboot
la lancha motora	das Motorboot
la proa/popa	der Bug/das Heck
el casco	der Schiffsrumpf
el ancla f	der Anker
el timón	das Steuer
la cubierta	die Brücke, das Deck
el camarote	die Kabine
el pabellón	die Flagge
la aviación	die Luftfahrt, Fliegerei
las fuerzas aéreas	die Luftwaffe
el avión de caza/de bombardeo	das Jagd-/Bombenflugzeug
el avión de reacción	das Düsenflugzeug
el cohete	die Rakete
los paracaidistas	die Fallschirmjäger

la bomba atómica	die Atombombe
el ataque aéreo	der Luftangriff
la defensa antiaérea	die Luftabwehr *(Flak)*
el refugio antiaéreo	der Luftschutzkeller
la hélice/el fuselaje	der Propeller/Rumpf
el tren de aterrizaje	das Fahrgestell
el piloto/telegrafista	der Pilot/Bordfunker
el despegue/aterrizaje	der Start/die Landung
el aterrizaje forzoso	die Notlandung
echar/ir a pique, sumergirse	versenken/versinken
naufragar	Schiffbruch erleiden
dar la banda, escorar	Schlagseite haben
botar	vom Stapel lassen
zarpar	in See stechen
amarrar/hacer escala	festmachen/anlaufen *(Hafen)*
derribar/caerse	abschießen/abstürzen
aplastarse	zerschellen
devastar, arrasar	zerstören
a prueba de bombas	bombensicher

37. Krieg und Frieden

Grundwortschatz: batalla, causa, condición, confusión, conquista, compañía, daño, enemigo, éxito, frente, general, guerra, línea, lucha, material, miedo, muerte, odio, operación, paz, peligro, posición, riesgo, sangre, sitio, soldado, suceso, víctima, victoria — amenazar, atacar, avanzar, ceder, combatir, comenzar, concluir, declarar, defender, desesperar, destruir, ejecutar, encontrar, escapar, herir, matar, morir, ocupar, perder, perseguir, prender, quemar, reconocer, resistir, retirar, terminar, salvar — bravo, cobarde, cruel, horrible, seguro, valiente, violento.

la tensión (política)	die (politische) Spannung
la declaración de guerra	die Kriegserklärung
el comienzo de la guerra	der Kriegsausbruch
la apertura de las hostilidades	die Eröffnung der Feindseligkeiten
las medidas de precaución	die Vorsichtsmaßnahmen
el adversario/aliado	der Gegner/Verbündete
el teatro de operaciones	der Kriegsschauplatz
las operaciones militares	die militärischen Operationen

el agresor/defensor	der Angreifer/Verteidiger
el despliegue/repliegue	der Aufmarsch/die Absetzung nach hinten
las dificultades de abastecimiento	die Nachschubschwierigkeiten
la superioridad material	die materielle Überlegenheit
el efectivo	die Truppenstärke
el camuflaje	die Tarnung
el reconocimiento	die Aufklärung
el fortín/la fortaleza	der Bunker/die Festung
el avance/el cerco	der Vormarsch/die Belagerung
el asalto/contraataque	der Sturmangriff/Gegenangriff
el vencedor/vencido	der Sieger/Besiegte
las bajas/la derrota	die Verluste/Niederlage
la huída, fuga/retirada	die Flucht/der Rückzug
la captura/cautividad	die Gefangennahme/-schaft
las tropas de ocupación	die Besatzungstruppen
el armisticio/tratado de paz	der Waffenstillstand/Friedensvertrag
el mutilado de guerra	der Kriegsversehrte
la cicatriz	die Narbe
el prisionero	der Gefangene
la condecoración	die (militärische) Auszeichnung
someter/suprimir	unterwerfen/unterdrücken
destrozar	vernichten
rendirse/capitular	sich ergeben/kapitulieren
saquear	plündern
voluntario, a	freiwillig
belicoso, a, guerrero, a	kriegerisch
sangriento, a	blutig
doloroso, a	schmerzlich

Sätze und Redewendungen: *en caso/tiempo de guerra* im Kriegsfalle/in Kriegszeiten — *presentarse voluntario* sich freiwillig melden — *listo para el combate* kampfbereit — *vencer al enemigo* den Feind besiegen — *salir vencedor* den Sieg davontragen — *conseguir la victoria* den Sieg erringen — *ser superior al enemigo* dem Feind überlegen sein — *sufrir bajas graves* schwere Verluste erleiden — *resistir heroicamenta* heldenhaften Widerstand leisten — *recibir una condecoración* eine Auszeichnung erhalten — *morir en acción* im Kampf fallen — *caer prisionero* in Gefangenschaft geraten — *rendirse sin condiciones* sich bedingungslos ergeben — *sin disparar* *un tiro* ohne einen Schuß abzugeben — *emprender la retirada* den Rückzug antreten — *hacer paz con* Frieden schließen mit — *desaparecido* vermißt — *siniestrado por ataques aéreos* ausgebombt.

IX. Wirtschaft

38. Arbeit und Arbeitsbedingungen

Grundwortschatz: actividad, acuerdo, dinero, empleado, fábrica, horario, ingeniero, obra, obrero, oficina, patrón, personal, profesión, seguro, servicio, sueldo, tarea, trabajo — acabar, aplicar, aumentar, cesar, continuar, contribuir, dirigir, ganar, interrumpir, ocupar, pagar, producir, servir, trabajar — capaz, duro, especial, libre, regular.

la economía nacional	die Volkswirtschaft
patronos y obreros	Arbeitgeber und Arbeitnehmer
el obrero especializado	der Facharbeiter
el peón	der Hilfsarbeiter
productores y consumidores	Erzeuger und Verbraucher
el capital (de explotación)	das (Betriebs-)Kapital
el derecho laboral	das Arbeitsrecht
el plazo de denuncia	die Kündigungsfrist
el asalariado	der Lohn-, Gehaltsempfänger
el desocupado, parado	der Arbeitslose
las cargas sociales	die sozialen Lasten
el aumento de sueldo	die Lohnerhöhung
la huelga	der Streik
la jornada laboral	die Arbeitszeit
el impuesto sobre los salarios	die Lohnsteuer
el seguro social	die Sozialversicherung
la oficina de colocaciones	das Arbeitsamt, die Stellenvermittlung
la orientación profesional	die Berufsberatung
el director	der Direktor, Leiter
la solicitud de empleo	das Stellengesuch
la escasez de mano de obra	der Mangel an Arbeitskräften
el trabajo manual/intelectual	die Handarbeit/geistige Arbeit
el jornal por hora	der Stundenlohn

la hora extraordinaria	die Überstunde
el trabajo clandestino	die Schwarzarbeit
el quehacer/oficio	die Beschäftigung/der Beruf
estar de huelga	streiken
remunerar	belohnen
inválido, a	arbeitsunfähig
vibrante	schwungvoll

Sätze und Redewendungen: *ponerse a trabajar* sich an die Arbeit machen — *llevar a efecto* ausführen — *desatar una huelga* einen Streik ausrufen — *trabajar como un negro* schuften — *sin parar* unaufhörlich — *estar de trabajo hasta la coronilla* alle Hände voll zu tun haben/bis zum Hals in der Arbeit stecken — *matarse trabajando* sich totschaffen — *echarse al surco* sich auf die faule Haut legen — *no se mata* er reißt sich kein Bein heraus.

39. Handwerk (cf 46)

Grundwortschatz: aguja, calidad, carpintero, clavo, cordel, cuchillo, diligencia, escalera, hierro, hilo, instrumento, interés, ladrillo, madera, mano, máquina, mecánico, modelo, panadería, paño, papel, peluquero, piedra, pieza, profesión, sierra, taller, tienda, tijeras — aprender, atar, construir, cortar, coser, cubrir, ejercer, emplear, enseñar, fijar, ganar, hacer, pagar, pintar, reparar, trabajar, transformar, vender — cansado, capaz, difícil, exacto, limpio, práctico, superficial, útil.

el artesano	der Handwerker
el aprendiz/aprendizaje	der Lehrling/die Lehrzeit
el puesto, la colocación	der Posten, die Stellung
el oficial/auxiliar	der Geselle/Gehilfe
el gañán/sirviente	der Knecht, Handlanger/Diener
la criada/asistenta	das Dienstmädchen/die Putzfrau
el contramaestre/capataz	der Werkmeister/Polier
el albañil/yesero/vidriero	der Maurer/Gipser/Glaser
el ebanista/carpintero	der Tischler, Schreiner
el herrero/cerrajero	der Schmied/Schlosser
el fontanero/electricista	der Installateur/Elektriker
el zapatero	der Schuhmacher
el carnicero	der Metzger
el sastre	der Schneider
la jardinería	die Gärtnerei

el hortelano	der Gemüsehändler
el pastelero, confitero	der Konditor
el lechero/la lechería	der Milchhändler/die Milchhandlung
el chófer	der Chauffeur
el fondista/hotelero	der Gastwirt/Hotelier
el secretario/la secretaria	der Sekretär/die Sekretärin
la secretaría	das Sekretariat
la taquimeca(nógrafa)	die Stenotypistin
la imprenta	die Druckerei
el banco de carpintero	die Hobelbank
el torno	die Drehbank
el martillo	der Hammer
el destornillador/tornillo	der Schraubenzieher/die Schraube
el taladro	der Bohrer
las tenazas	die Zange
la pala/paleta	die Schaufel/Kelle
el cincel/pincel	der Meißel/Pinsel
hábil	geschickt

Aktionsreihe: *amasar* kneten — *aserrar* sägen — *atornillar/destornillar* fest-/losschrauben — *cepillar* hobeln — *clavar* nageln — *encolar* leimen — *forjar* schmieden — *limar* feilen — *moler* mahlen — *perforar* durchbohren — *soldar* löten.

40. Industrie (cf 38/39)

Grundwortschatz: aparato, automóvil, calidad, fábrica, horario, industria, jefe, máquina, materia, mercado, mercancía, mina, modelo, obrero, precio, producción, ramo, sueldo, taller, trabajo — consumir, construir, controlar, dirigir, establecer, fundar, producir.

la industria siderúrgica	die Eisenindustrie
la industria pesada	die Schwerindustrie
la materia prima	der Rohstoff
el producto bruto/elaborado	das Rohprodukt/die Fertigware
la producción de acero	die Stahlproduktion
la planta siderúrgica	das Stahlhüttenwerk
la fundición de hierro	die Eisengießerei
el yacimiento de carbón	das Kohlenvorkommen
la galería/capa	der Stollen/die Schicht, Lage
la refinería	die Raffinerie
la fábrica de hilados	die Spinnerei

la serrería, el aserradero	das Sägewerk
la cantera	der Steinbruch
el alto horno	der Hochofen
el molde	die (Guß-)Form, das Modell
la grúa	der Kran
la caldera	der Kessel
la cinta transportadora	das Fließband
la mecánica de precisión	die Feinmechanik
la inversión	die Investierung
la ayuda al desarrollo	die Entwicklungshilfe
el Mercado Común Europeo	die Europäische Wirtschaftsgemeinschaft
extraer	fördern
fundir	gießen
exportar	ausführen, exportieren
cubierto de polvo	staubig
lleno de hollín	rußig

41. Rohstoffe und Materialien

Grundwortschatz: agua, aire, algodón, arena, azúcar, cuero, gasolina, goma, hielo, hierro, ladrillo, lana, madera, materia, material, metal, oro, papel, piedra, plata — blando, delgado, duro, espeso, fino, grueso, ligero, pesado, precioso, puro, seco, sólido.

el mineral	das Mineral, Erz
el aluminio	das Aluminium
el cobre/plomo	das Kupfer/Blei
el bronce/mercurio	die Bronze/das Quecksilber
el azufre	der Schwefel
la hulla/el carbón vegetal	die Stein-/Braunkohle
la loza/porcelana	das Steingut/Porzellan
el vidrio	das Glas
la grava	der Kies
la creta/tiza	die Kreide/Schulkreide
la argamasa	der Mörtel
el hormigón armado	der Eisenbeton
el granito/mármol	der Granit/Marmor
la cal	der Kalk
la pizarra	der Schiefer; die Schiefertafel
el barro cocido	der (Töpfer-)Ton

el cartón	der Karton
el caucho sintético	das synthetische Gummi
el petróleo	das Erdöl, Petroleum
el carbón	die Kohle
el vestido de seda	das Seidenkleid
el reloj dorado	die vergoldete Uhr
la pila de leña	der Holzstoß
el pedazo de vidrio roto	die Glasscherbe
el cuero artificial	das Kunstleder
el hierro bruto	das Roheisen
el acero fino	der Edelstahl
elástico, a	dehnbar
compacto, a	dicht, zäh
irrompible	unzerbrechlich; unzerreißbar

42. Hausbau: Bau und Planung

Grundwortschatz: cf 43.

los materiales de construcción	die Baumaterialien
el arquitecto/maestro de obras	der Architekt/Baumeister
la planificación	die Planung
el terreno/solar	das Gelände, Grundstück/der Bauplatz
la morada, vivienda	die Wohnung
el alquiler/inquilino	die Miete/der Mieter
el piso de alquiler, *am* **departamento**	die Mietswohnung
la zona residencial	das Wohnviertel
el rascacielos	der Wolkenkratzer
el bloque de casas	der Häuserblock
los escombros	der Bauschutt
el suministro de electricidad	die Stromversorgung
la recogida de basura	die Müllabfuhr
el andamio	das Gerüst
la viga/lata	der Balken/die Latte
la teja	der Ziegel
la valla	der Zaun
el jardincillo	der Vorgarten
la reja	das Gitter

el garaje	Garage
cavar	ausgraben
erigir	errichten
revocar	verputzen
tapizar	tapezieren
reformar, reconstruir	umbauen

Typenreihe: *la casa* das Haus — *la casita* das Häuschen — *la choza, la cabaña* die Hütte — *la barraca* die Marktbude — *el caserío* das Gehöft, das Bauernhaus — *la casa de campo* das Landhaus — *el caserón* das große, alte Haus — *la casucha* das schmutzige Haus — *la covacha* die Elendshütte — *la casa señorial* das Herrenhaus — *el inmueble* das Anwesen.

43. Hausbau: Gebäude (cf 54)

Grundwortschatz: abrigo, almacén, cerca, cocina, comedor, cristal, cuarto, edificio, entrada, escalera, espacio, habitación, hogar, hotel, jardín, ladrillo, lugar, lujo, llave, madera, muro, palacio, pared, patio, piedra, pieza, piso, proyecto, puerta, sala, situación, suelo, tamaño, techo, ventana, vista — abrir, alquilar, construir, cubrir, destruir, ejecutar, fundar, habitar, levantar, ocupar, poner — alto, antiguo, bajo, bonito, claro, espeso, grande, inferior, limpio, llano, magnífico, moderno, noble, nuevo, oscuro, pequeño, simple, sólido, superior, tranquilo, vacío, vasto, viejo — abajo, alrededor de, arriba, delante de, detrás de, encima de, al lado de.

el sótano/la bodega	der Keller/Weinkeller
el piso bajo/principal	das Erdgeschoß/erste Stockwerk
el desván/granero	der Speicher/Kornspeicher
el zaguán	die Diele
el corredor, pasillo	der Flur, Gang, Korridor
la techumbre	der Dachstuhl
el canalón	die Dachrinne
el tragaluz	das Dach-, Kellerfenster
el pararrayos	der Blitzableiter
el balcón/la azotea	der Balkon/die Dachterrasse
el pilar/la columna	der Pfeiler/die Säule
el pasamanos, la barandilla	das Treppengeländer
el cuarto de baño	das Badezimmer
el retrete	das WC, die Toilette, der Abort
el cuarto de estar	das Wohnzimmer
el escritorio	das Büro, Arbeitszimmer

el recibidor/dormitorio	das Empfangszimmer/Schlafzimmer
la pieza de huéspedes	das Gästezimmer
la buhardilla	die Mansarde
la despensa	die Speisekammer
el umbral/picaporte	die Türschwelle/Türklinke
la cerradura	das (Tür-)Schloß
la campanilla	die Klingel
la contraventana	der Fensterladen
el armario empotrado	der Einbauschrank
el ascensor	der Fahrstuhl
la tubería de agua	die Wasserleitung

Sätze und Redewendungen: *el cuarto cae/da al patio* das Zimmer geht auf den Hof — *el alquiler se paga por adelantado* die Miete wird vorausbezahlt — *entregar a domicilio* ins Haus liefern — *estar a la puerta* vor der Tür stehen — *tirar por la ventana* zum Fenster hinauswerfen — *cerrar con llave* zuschließen — *dejar la puerta entreabierta* die Tür halb offenstehen lassen — *escalera abajo* treppab — *busco una habitación amueblada* ich suche ein möbliertes Zimmer — *con derecho a cocina* mit Küchenbenützung — *colocar la primera piedra* den Grundstein legen — *llaman, ¡adelante!* es klopft, herein! — *estar en/fuera de la casa* zu Hause/nicht zu Hause sein — *salir de sus casillas* aus dem Häuschen sein — *poner la casa al revés* das Haus auf den Kopf stellen.

44. Möbel, Ausstattung

Grundwortschatz: almohada, armario, banco, cama, cortina, cuadro, estilo, gusto, hogar, lámpara, lujo, luz, madera, mesa, muebles, orden, silla, tabla, tamaño, tipo — apagar, arreglar, bajar, calentar, colgar, encender, fijar, fumar, levantar, poner, quemar — alto, antiguo, bajo, brillante, caliente, claro, cómodo, eléctrico, frío, limpio, moderno, nuevo, oscuro, práctico, redondo, simple, sólido, sucio.

el mobiliario	das Mobiliar
los muebles funcionales	die Einbaumöbel
la cocina de gas/eléctrica	der Gas-/Elektroherd
el horno	der Backofen
el fregadero	der Spülstein
la nevera, el refrigerador	der Kühlschrank
la lavadora	die Waschmaschine
la máquina de coser	die Nähmaschine
el aspirador de polvo	der Staubsauger

los muebles acolchados	die Polstermöbel
el mantel	die Tischdecke
la butaca/el sillón	der Sessel/Armstuhl
el sofá/diván	das Sofa/der Diwan
la mesa de despacho	der Schreibtisch
el estante de libros	das Bücherregal
la mesilla de noche	der Nachttisch
el ropero, guardarropa	der Kleiderschrank
el cajón, la gaveta	die Schublade
la cómoda	die Kommode
el aparador	die Anrichte, das Büfett
la alfombra de pasillo	der Teppich, Läufer

Sätze und Redewendungen: cf 46.

45. Heizung und Beleuchtung

Grundwortschatz: cf 44.

el alumbrado eléctrico	die elektrische Beleuchtung
la calefacción central	die Zentralheizung
la lámpara de pie/de mesa	die Steh-/Tischlampe
el interruptor/enchufe	der Schalter/die Steckdose
el radiador	der Heizkörper
la bombilla	die (Glüh-)Birne
el cortocircuito	der Kurzschluß
el contador	der Zähler
el consumo de corriente	der Stromverbrauch
la corriente alterna	der Wechselstrom
el voltaje	die Stromspannung
la lumbre/chispa	die Glut/der Funke
el combustible	der Brennstoff
el fogonero	der Heizer
la estufa/brasa	der Ofen/die Glut
el anuncio luminoso	die Lichtreklame
encender/apagar la luz	das Licht ein-/ausschalten
poner/apagar la radio	das Radio ein-/ausschalten
desconectar	aus-, abschalten
poner bajo/alto	leise/laut stellen

Sätze und Redewendungen: cf 46.

46. Haushaltsgegenstände (cf 39)

Grundwortschatz: aguja, aparato, baúl, bolsa, botella, botón, cadena, caja, cepillo, cordel, cuchillo, escalera, fósforo, gafas, hilo, hoja, juguete, lápiz, lata, maleta, palo, paño, plato, pluma, red, reloj, saco, tapa, taza, tijeras, vaso — agitar, arreglar, barrer, caber, calentar, cocer, cortar, coser, dibujar, echar, fijar, lavar, ligar, limpiar, llenar, llevar, poner, reparer, verter — agudo, lleno, práctico, sólido, útil, vacío.

el recipiente/la vasija	der Behälter/das Gefäß
la olla, el puchero	der Kochtopf
la sartén	die Pfanne
el florero/la maceta	die Blumenvase/der Blumentopf
la cafetera/sopera	die Kaffeekanne/Suppenschüssel
el azucarero/salero	die Zuckerdose/das Salzfaß
el cenicero	der Aschenbecher
la bolsa de papel	die Tüte
el cesto de los papeles, la papelera	der Papierkorb
el molde para pasteles	die Kuchenform
el cántaro/tapón	der Krug/Stöpsel
el cubo de la basura	der Mülleimer
la vara	die Stange
el mango (de la escoba)	der (Besen-)Stiel
el garfio	der Haken
el sacacorchos	der Korkenzieher
el abrelatas	der Dosenöffner
el molinillo de café	die Kaffeemühle
la plancha	das Bügeleisen
el balde, cubo	der Eimer
el trapo (para limpiar)	der (Putz-)Lappen

encerar	einwachsen, bohnern
amueblar	einrichten, möblieren
envasar	einfüllen
congelar	einfrieren *(Kühltruhe)*
raspar	abkratzen
despedazar	zerkleinern
diluir	verdünnen
oxidarse	rosten
enchufar	anschließen *(Strom)*

Sätze und Redewendungen: *pedir fuego a up* jdn um Feuer bitten — *es un rayo* er ist ein heller Kopf — *pegar fuego* Feuer anlegen —

entre dos luces im Zwielicht — *el horno funciona* der Ofen brennt — *la luz está encendida* das Licht brennt — *preparar una sopa/un pastel* eine Suppe kochen/einen Kuchen backen — *hacer hervir huevos* Eier abkochen — *el agua está hirviendo* das Wasser kocht (gerade) — *huir del trueno y caer en el relámpago* vom Regen in die Traufe kommen.

Aktionsreihe: *labores domésticas* Hausarbeiten — *airear los cuartos* die Zimmer lüften — *barrer* auskehren — *hacer las camas* die Betten machen — *preparar el desayuno* das Frühstück zubereiten — *arreglar la casa* das Haus aufräumen — *quitar el polvo de los muebles* die Möbel abstauben — *limpiar las ventanas con un trapo* die Fenster mit einem Lappen reinigen — *mojar el suelo* den Boden feucht aufwischen — *sacudir la alfombra* den Teppich klopfen — *encerar el suelo* den Boden einwachsen/bohnern — *cepillar/lavar/planchar la ropa* die Kleider ausbürsten/waschen/bügeln — *encender el fuego* Feuer anzünden — *remover la sopa* die Suppe umrühren — *poner/levantar la mesa* den Tisch decken/abräumen — *lavar/enjugar los platos* die Teller abwaschen/abtrocknen — *colocarlos en el armario* sie in den Schrank stellen.

47. Großhandel (cf 48/49)

Grundwortschatz: almacén, artículo, caja, comercio, compañía, daño, despacho, detalle, deuda, dirección, empleado, mercado, negocio, objeto, oficina, paquete, pérdida, pieza, precio, resultado, riesgo, sociedad, venta, ventaja — arreglar, aumentar, bajar, comprar, contar, costar, disminuir, enviar, establecer, fundar, ganar, gastar, lanzar, necesitar, ordenar, pedir, perder, proveer, recibir, representar, subir, vender — barato, bruto, caro, mayor, menor, precioso.

el comerciante al por mayor	der Großhändler
la casa de comercio	die (Handels-)Firma
el comisionista	der Handelsvertreter
el apoderado	der Prokurist
el tenedor de libros	der Buchhalter
la contabilidad (por partida doble)	die (doppelte) Buchführung
la cooperativa de consumo	die Konsumgenossenschaft
la demanda/oferta	die Nachfrage/das Angebot
el poder adquisitivo	die Kaufkraft
la cifra de los negocios	der Umsatz

el informe del mercado	der Marktbericht
las facilidades de pago	die Zahlungserleichterungen
el modo de pago	die Zahlungsweise
la quiebra	der Konkurs, Bankrott
el departamento de expedición	die Versandabteilung
la marca comercial	die Handelsmarke
el afán de lucro	die Gewinnsucht
el sobreprecio/la rebaja	der Preisaufschlag/die Preissenkung
el vencimiento	die Fälligkeit
remitir, despachar	absenden, erledigen
hacer propaganda	werben
descontar/deducir	abrechnen/abziehen
lucrativo, a, provechoso, a	gewinnbringend
razonable	angemessen *(Preis)*
solvente	zahlungsfähig

Sätze und Redewendungen: *a título de prueba* probeweise — *de venta* im Handel — *hay mucha falta de* es besteht ein großer Bedarf an — *tener depósito de* auf Lager haben — *realizar beneficios* Gewinne erzielen — *poner a la venta* zum Verkauf anbieten — *pagar al contado* bar bezahlen — *pagar a plazos* in Raten bezahlen — *concluir una operación* einen Handel abschließen — *efectuar negocios* Geschäfte tätigen.

48. Bank (cf 47)

Grundwortschatz: acción, banco, bolsa, confianza, cuenta, cheque, deuda, dinero, interés, moneda, oro, peseta, pieza, propietario, suma, valor — adquirir, ahorrar, aumentar, bajar, cobrar, colocar, contar, ganar, girar, imponer, pagar, prestar, subir, valer.

la cuenta bancaria	das Bankkonto
las horas de taquilla	die Schalterstunden
las imposiciones de ahorro	die Spareinlagen
la libreta de ahorro	das Sparbuch
el portador	der Inhaber
el talonario	das Scheckbuch
el tipo de interés	der Zinssatz
el cheque de viaje	der Reisescheck
la baja/alza	die Baisse/Hausse
el accionista	der Aktionär

la cotización	die Notierung
la letra de cambio	der Wechsel *(Zahlungsmittel)*
el crédito	die Glaubwürdigkeit, der Kredit
el cambio del día	der Tageskurs
la escasez de divisas	der Devisenmangel
la transferencia bancaria	die Banküberweisung
el préstamo/empréstito	das Darlehen/die Anleihe
la fianza	die Bürgschaft
el deudor/acreedor	der Schuldner/Gläubiger
el extracto de cuenta	der Kontoauszug
la desvalorización	die Entwertung
la colocación (de dinero)	die Geldanlage, Placierung
ingresar/retirar	einzahlen/abheben
cobrar/librar	einlösen/ausstellen *(Scheck)*
tomar prestado	entleihen
transferir	überweisen

Sätze und Redewendungen: *abrir una cuenta* ein Konto eröffnen — *honrar un cheque* einen Scheck honorieren — *cheque descubierto* ungedeckter Scheck — *los cambios bajan/suben* die Kurse sinken/steigen — *pagadero a la vista/al vencimiento* zahlbar bei Sicht/bei Fälligkeit — *prestar dinero* Geld verleihen — *girar contra up* auf jdn einen Wechsel ziehen.

Währungseinheiten: *la corona* die Krone (Schweden) — *el cruzeiro* der Cruzeiro (Brasilien) — *el dólar* der Dollar (USA) — *el escudo* der Escudo (Portugal) — *el franco* der Franc (Frankreich) — *el florín* der Gulden (Niederlande) — *la libra esterlina* das Pfund (Großbritannien) — *la lira* die Lira (Italien) — *el marco* die Mark (Deutschland) — *la peseta* die Peseta (Spanien) — *el peso* der Peso (Argentinien) — *el rublo* der Rubel (Sowjetunion).

49. Kleinhandel (cf 47/48)

Grundwortschatz: cf 39; 47.

el comercio al por menor	der Kleinhandel
el hombre de negocios	der Geschäftsmann
el detallista	der Einzelhändler
el gran almacén, *am* **emporio**	das Kaufhaus
el escaparate, *am* **la vidriera**	das Schaufenster

el cierre de los comercios	der Ladenschluß
la liquidación	der Räumungsverkauf
la clientela	die Kundschaft
el mostrador	der Ladentisch
el autoservicio	die Selbstbedienung
el recado	die Besorgung
el recibo	die Quittung
el sobrante	der Überschuß
empaquetar, embalar	einpacken, -wickeln
reembolsar	zurückbezahlen
malgastar	verschwenden
regatear	feilschen
suministrar	liefern; verabreichen
abonar	be-, einzahlen; *a.* düngen; bürgen
abastecer	versorgen
valioso, a	wertvoll

Aktionsreihe: *ir de compras* Einkäufe machen — *¿qué puedo ofrecerle?* was darf ich Ihnen anbieten? — *¿qué desea Vd.?* was wünschen Sie? — *quisiera ver unos vestidos* ich möchte gern einige Kleider ansehen — *tenemos gran surtido* wir haben große Auswahl — *¡muéstreme uno de la última moda!* zeigen Sie mir eines nach der letzten Mode! — *¡véalos! le recomiendo éste* sehen Sie sich an! ich empfehle Ihnen dieses — *éste no es de mi gusto* dies ist nicht nach meinem Geschmack — *está pasando de moda* das kommt aus der Mode — *¡hágame el favor de mostrarme otros!* zeigen Sie mir bitte noch andere! — *voy a ver cómo me sienta éste* ich will mal sehen, wie mir dieses steht — *es de los mejores que hay* das ist eines der besten, die wir haben — *voy a probarlo* ich will es anprobieren — *¿cuánto vale?* was kostet es? — *¿no los tiene más baratos?* haben Sie keine billigeren? — *no quiero gastar tanto dinero* ich will nicht so viel Geld ausgeben — *me quedaré con éste, si me cae bien* ich nehme das, wenn es paßt — *¡empaquétemelo y mándemelo a casa!* packen Sie es mir ein und schicken Sie es mir ins Haus — *¿y algo más?* noch etwas sonst?

50. Restaurant, Café, Hotel (cf 25)

a) Allgemein

Grundwortschatz: almuerzo, armario, baño, baúl, café, cama, cena, criado, cuarto, desayuno, entrada, equipaje, hotel, jabón, lujo, llegada, maleta, mozo, noche, nota, piso, precio, propina, restaurante, ropa, salida, servicio, teléfono, toalla, viaje — acostarse, buscar, descender, despertar, dormir, escoger, esperar, estar, guardar, lavar, levantar, limpiar, llamar, llegar, mudar, pagar, partir, pasar, pedir, preguntar, procurar, reposar, viajar — barato, caro, contento, cortés, simple, sucio, tarde, temprano.

el gerente del hotel	der Geschäftsführer des Hotels
la casa de huéspedes	die (einfachere) Pension
el dueño de la pensión	der Inhaber der Pension
el portero, conserje	der Pförtner
el retrete	das WC, Klosett
el registro de los viajeros	das Gästeverzeichnis
el paradero	der Aufenthaltsort
el hospedaje	die Beherbergung
la camarera	die Zimmerfrau, Bedienung
el confort	der Komfort
el albergue juvenil	die Jugendherberge
la posada/el parador	das Nachtquartier/Rasthaus
la taberna, tasca	die Schenke, Kneipe
el comensal/parroquiano	der Gast/Kunde
el restaurante habitual	das Stammlokal
el taburete de bar	der Barhocker
el club nocturno	das Nachtlokal

Sätze und Redewendungen: cf 50 c.

b) Essen

Grundwortschatz: aceite, almuerzo, arroz, azúcar, caza, cena, cocina, cuchara, cuchillo, cuenta, desayuno, ensalada, fruta, grasa, gusto, hambre, harina, helado, hueso, huevo, lista, mantequilla, manzana, mesa, mozo, naranja, pan, patata, pescado, plátano, plato, pollo, postre, puerco, queso, sal, sopa, taza, tenedor, uva, vaca, verdura — cocer, gustar, pagar, pedir, preparar, traer — escaso, caliente, dulce, duro, fino, frío, gordo.

la servilleta	die Serviette
los entremeses	die Vorspeise
el plato del día	das Tagesgericht
la minuta, el menú	das Menü
el bocadillo	das Sandwich
el panecillo	das Brötchen
la rebanada/migaja	die Schnitte (Brot)/das Krümchen
los fiambres	der Aufschnitt
la salchicha	die Wurst
el jamón/tocino	der Schinken/Speck
la chuleta/el solomillo	das Kotelett/Schnitzel

el filete	das Filet
la salsa/el caldo	die Soße/Brühe
la tortilla	das Omelett
la pasta/las pastas	der Teig/die Nudeln
la pastelería	die Konditorei
el vinagre	der Essig
las especias	die Gewürze
la pimienta/el pimentón	der Pfeffer/Paprika
la crema	die Sahne, der Rahm
la cáscara	die (Obst-)Schale
el palillo	der Zahnstocher
la mermelada	die Marmelade
la golosina	der Leckerbissen
el comilón/gastrónomo	der Vielfraß/Feinschmecker
mascar/digerir	kauen/verdauen
hambriento, a/sediento, a	hungrig/durstig
comestible/potable	eßbar/trinkbar
crudo, a/cocido, a	roh/gekocht
suculento, a	saftig
excesivo	übermäßig
frugal/escaso, a	einfach, mäßig/karg, knapp
voraz	gefräßig, gierig
insípido, a	geschmacklos

Sätze und Redewendungen: cf 50 c.

c) Trinken

Grundwortschatz: agua, azúcar, bebida, botella, café, cerveza, chocolate, leche, limón, sed, vaso, vino — beber, calentar, hervir, llenar, preferir — amargo, blanco, caliente, dulce, excelente, fresco, frío, fuerte, lleno, vacío.

el alcohol	der Alkohol
la embriaguez	die Trunkenheit
las bebidas sin alcohol	die alkoholfreien Getränke
la limonada/naranjada	die Limonade/Orangeade
el agua mineral	das Mineralwasser
la gaseosa	der Sprudel, die Brauselimonade
el té	der Tee
el tinto	der Rotwein
el licor/ron/aguardiente	der Likör/Rum/Schnaps
el zumo de uva	der Traubensaft

el borrachón	der Säufer
el corcho/tapón	der Kork/der Korken
la espuma	der Schaum
el encendedor	das Feuerzeug
beberse uc/beber con exceso	etw austrinken/saufen
sorber/chupar	schlürfen/lutschen
bebido, a/ebrio, a	betrunken, trunken
no estar borracho	nüchtern sein

Aktionsreihe: *tengo hambre/sed* ich habe Hunger/Durst — *¿qué prefiere Vd.?* was möchten Sie gern essen? — *como de todo* ich esse alles/bin kein Kostverächter — *¿puedo ofrecerle un trozo de carne bien asada?* darf ich Ihnen ein Stück gut gebratenes Fleisch anbieten? — *acepto con mucho gusto* recht gern — *¿algo más de ensalada?* noch etwas Salat (gefällig)? — *gracias, tengo bastante* danke, ich habe genug — *nada más que un poquito* nur ein bißchen — *¡sírvase a su gusto!* greifen Sie nur zu! — *coma hasta saciarse* essen Sie sich satt — *¿qué tal el pescado?* wie steht's mit Fisch? — *¿le gusta la cerveza?* schmeckt Ihnen das Bier? — *¡hágame el favor de pasarme un pedazo de pan!* reichen Sie mir bitte ein Stück Brot! — *yo soy un aficionado de la mesa* ich esse und trinke gern — *quisiera beber a la salud de Vd.* ich möchte gern auf Ihr Wohl trinken — *¿no le molesta que yo fume?* stört es Sie, wenn ich rauche? — *¡tráiganos un cenicero!* bringen Sie uns einen Aschenbecher! — *¿qué toma de postre?* was möchten Sie als Nachspeise haben?

51. Reichtum, Armut

Grundwortschatz: el bien, clase, dinero, dolor, esperanza, falta, fortuna, hambre, medio, miseria, pérdida, posición, riqueza, tierra, valor — abundar, adquirir, ayudar, desesperar, disfrutar, necesitar, recibir, reducir, sufrir — alegre, alto, bajo, bastante, contento, duro, enfermo, extremo, feliz, grande, humilde, modesto, mucho, pequeño, pobre, poco, rico, triste, vacío.

la prosperidad	der Wohlstand
la opulencia	die Üppigkeit
los bienes inmuebles/muebles	die Immobilien/beweglichen Güter
el caudal	das Vermögen; die große Menge
la indigencia	die Dürftigkeit
la estrechez	die Knappheit

la penuria, la carencia	der Mangel
el donativo	die Spende, Gabe
la gente acomodada	die wohlhabenden Leute
la vida cómoda	das Wohlleben
los recursos	die Mittel, das Geld
enriquecer/empobrecer	bereichern/verarmen
ricachón/pobretón	steinreich/armer Schlucker
económico, a	sparsam, billig

Sätze und Redewendungen: *sin recursos* mittellos — *sin domicilio* heimatlos — *no tener hogar* obdachlos sein — *pobre como una rata* arm wie eine Kirchenmaus — *un sin fortuna* ein Habenichts — *andar mal de recursos* schlecht bei Kasse sein — *vivir con estrechez* dürftig leben — *la gente de menos recursos* minderbemittelte Leute — *vivir a lo grande* auf großem Fuß leben — *acumular grandes riquezas* Reichtümer anhäufen — *hacer fortuna* zu Geld kommen.

52. Landwirtschaft: Ackerbau (cf 54)

Grundwortschatz: agricultura, aldea, campesino, campo, cosecha, estancia, grano, hacienda, labor, lluvia, mercado, otoño, paja, patata, planta, sol, tiempo, tierra, trigo, vino — cargar, cortar, cultivar, descansar, producir, recoger, sembrar, trabajar — cansado, duro, fértil, maduro, mojado, seco, verde.

la labranza, faena	die Feldarbeit
la granja, finca	der Bauernhof
el labriego/agricultor	der Landarbeiter/Landwirt
la máquina agrícola	die Landmaschine
el sembradora	die Sämaschine
la segadora/trilladora	die Mäh-/Dreschmaschine
los aperos de labranza	die Ackergeräte
el arado/la grada	der Pflug/die Egge
la guadaña/horquilla	die Sense/Gabel
el pasto/prado	die Weide/Wiese
el viñedo/trigal	der Weinberg/das Getreidefeld
la gleba/el terruño	die Scholle/Heimaterde
la simiente/siembra	der Samen/die Aussaat
el sendero, la vereda	der Fußweg, -pfad
la espiga/el racimo	die Ähre/Traube
el estercolero	der Misthaufen
los cereales	das Getreide

la avena/el centeno	der Hafer/Roggen
el montón de heno	der Heuhaufen
la noria	das Schöpfrad

Aktionsreihe: *arar* pflügen — *abonar* düngen — *sembrar* säen — *escardar* jäten — *regar* bewässern — *crecer* wachsen — *madurar* reifen — *cortar* mähen — *recoger* ernten — *secar* trocknen — *cargar* aufladen — *acarrear* heimfahren — *seleccionar* auslesen — *prensar la uva* keltern — *trillar* dreschen.

53. Landwirtschaft: Viehzucht, Tiere

Grundwortschatz: ala, animal, bestia, boca, buey, burro, caballo, cabeza, cabra, carne, caza, cola, gallina, gallo, ganado, hembra, huevo, lana, leche, macho, mosca, pájaro, paloma, perro, pez, pico, pie, piel, pluma, pollo, puerco, silla, toro, vaca — atar, beber, cantar, comer, criar, guardar, morder, nadar, picar, vigilar, volar — fiel, gordo, útil.

los animales domésticos	die Haustiere
el ganado mayor/menor	das Groß-/Kleinvieh
la cría de ganado	die Viehzucht
la res	das Stück Vieh
el vaquero, boyero	der Kuhhirt, Viehtreiber
el establo/la cuadra	der Kuhstall/Pferdestall
el forraje/pienso	das Grünfutter/Trockenfutter
el pastor	der Schäfer
el becerro/la ternera	das Kalb/Kalbfleisch
el cordero/carnero	das Lamm/der Hammel
el asno/mulo	der Esel/das Maultier
el yugo	das Joch
el cerdo	das Schwein
el ratón	die Maus
el macho cabrío	der Ziegenbock
el ganso	die Gans
el matadero	das Schlachthaus
el cuerno	das Horn
el casco	der Huf
el pelaje/plumaje	das Fell/Federkleid
el hocico	die Schnauze
el rabo	der Schwanz
el corral/palomar	der Hühnerhof/Taubenschlag
la jaula	der Käfig
los animales salvajes	die freilebenden Tiere

el águila f	der Adler
el caracol	die Schnecke
el ciervo	der Hirsch
la cigüeña	der Storch
el cisne	der Schwan
el corzo	das Reh
el cuervo	der Rabe
el gorrión	der Spatz
el gusano	der Wurm
la hormiga	die Ameise
el jabalí	das Wildschwein
el lagarto	die Eidechse
la liebre	der Hase
el lobo	der Wolf
la mariposa	der Schmetterling
el mosquito	die Mücke
el oso	der Bär
la pulga	der Floh
la rana	der Frosch
el ruiseñor	die Nachtigall
la serpiente	die Schlange
el zorro	der Fuchs
dar de comer/abrevar	füttern/tränken
ordeñar	melken
desenganchar/enganchar	ausspannen/anspannen
parir	werfen, kalben

Sätze und Redewendungen: *montar un caballo/apearse* ein Pferd besteigen/absteigen — *dar cornadas* mit den Hörnern stoßen — *tener atado al perro* den Hund angebunden haben — *guardar ganado* Vieh hüten.

Sprichwörter: *ufano como un pavo real* stolz wie ein Pfau — *cayó del burro* er hat seinen Irrtum eingesehen — *alza el gallo* er spielt sich auf — *está mosca* er ist eingeschnappt — *hace el ganso* er benimmt sich albern — *tiene malas pulgas* er versteht keinen Spaß — *es para el gato* das ist für die Katz — *está como una cabra* er spinnt — *de noche todos los gatos son pardos* bei Nacht sind alle Katzen grau — *matar dos pájaros de un tiro* zwei Fliegen mit einer Klappe schlagen — *dar gato por liebre* einen übers Ohr hauen — *perro ladrador nunca buen mordedor* Hunde, die bellen, beißen nicht — *se llevan como perro y gato* sie vertragen sich wie Hund und Katze — *a caballo regalado no se le mira los dientes* einem geschenkten Gaul sieht man nicht ins Maul.

Typenreihe Tierstimmen: *aullar* heulen — *arrullar* girren — *balar* blöken — *bramar* brüllen — *cacarear* gackern — *cantar* krähen — *gorjear* zwitschern — *gruñir* grunzen — *ladrar* bellen — *maullar* miauen — *relinchar* wiehern.

54. Gartenbau (cf 52)

Grundwortschatz: árbol, bosque, botón, copa, cosecha, flor, fruta, hierba (yerba), hoja, huerta, huerto, jardín, limón, lluvia, madera, manzana, naranja, otoño, planta, plátano, primavera, raíz, ramo, rosa, sol, tierra, tronco, verdura — caer, crecer, cultivar, florecer, llover, sembrar — amargo, azul, blanco, dulce, duro, maduro, mojado, rojo, seco, verde.

la horticultura	der Gartenbau
el frutal	der Obstbaum
el césped/la grama	der Rasen/das Gras *(Quecke)*
el arbusto/matorral	der Strauch/das Dickicht
el ramillete	der Blumenstrauß
el tallo	der Stiel, Stengel
la espina/corteza	der Dorn/die Rinde
el pino/roble/álamo	die Pinie/Eiche/Pappel
el limonero/nogal	der Zitronen-/Nußbaum
la palmera	die Palme
el higo/melocotón	die Feige/der Pfirsich
la baya	die Beere
la cereza	die Kirsche
la fresa	die Erdbeere
la calabaza	der Kürbis
la col	der Kohl
el ajo	der Knoblauch
el guisante	die Erbse
la judía	die Bohne
la espinaca	der Spinat
la cebolla	die Zwiebel
el clavel/girasol	die Nelke/Sonnenblume
la azucena/violeta	die (weiße) Lilie/das Veilchen
el invernadero	das Treibhaus
brotar	aufgehen, sprießen
verdear, verdecer	grünen
marchitarse	welken
pudrirse	faulen
agrio, a	sauer

Sätze und Redewendungen: *comer fruta* Obst essen — *el monte bajo/alto* das Unterholz/der Hochwald — *a flor de agua* dicht über dem Wasser — *morder el polvo* ins Gras beißen — *mala hierba nunca muere* Unkraut vergeht nicht — *los árboles le impiden ver el bosque* vor lauter Bäumen sieht er den Wald nicht — *se me hace la boca agua* das Wasser läuft mir im Munde zusammen — *un solo golpe no derriba un roble* auf einen Hieb fällt kein Baum.

X. Verkehr, Reisen

55. Post

Grundwortschatz: avión, carta, correo, despacho, destino, dirección, empleado, exterior, extranjero, fecha, firma, franqueo, interior, línea, lugar, mensaje, noticia, paquete, periódico, prisa, sello, serie, sobre, tarjeta postal, teléfono, telegrama — cerrar, coleccionar, contestar, devolver, dirigir, enviar, escribir, interrumpir, llamar, llevar, mandar, pegar, recibir, responder — abierto, ligero, pesado, urgente.

la estafeta/taquilla de correos	das Postamt/der Postschalter
el buzón	der Briefkasten
el cartero	der Briefträger
el remitente/destinatario	der Absender/Empfänger
el sobrescrito/tratamiento	die Aufschrift/Anrede
el porte/la estampilla *am*	das Porto/die Briefmarke, der Stempel
el coleccionista de sellos	der Briefmarkensammler
el apartado, *am* **la casilla**	das Postfach
la carta urgente	der Eilbrief
la postal ilustrada	die Ansichtskarte
el giro postal	die Postanweisung
el impreso	die Drucksache
la subscripción	das Abonnement
el envío contra reembolso	die Nachnahme
la carta certificada, *am* **registrada**	der Einschreibebrief
la guía de teléfonos	das Telefonverzeichnis
la conferencia interurbana	das Ferngespräch
el receptor	der Hörer
la llamada telefónica	der (Telefon-)Anruf
la lista de correos	postlagernd

la respuesta	die Antwort
registrar	registrieren
mandar seguir	nachsenden
distribuir	aus-, verteilen
descolgar	abhängen *(Hörer)*
expedir	ab-, versenden, -schicken
sujeto a franqueo	gebührenpflichtig
con franquicia	gebührenfrei
urgente/por avión	durch Eilboten/Luftpost

Aktionsreihe: *a la cabeza de la carta pongo el lugar, la fecha y el tratamiento* als Kopf (des Briefes) schreibe ich den Ort, das Datum und die Anrede — *muy señor mío:* sehr geehrter Herr! — *concluyo la carta con una fórmula de cortesía* ich beende den Brief mit einer Höflichkeitsformel — *con mis afectuosos saludos quedo su seguro servidor* mit freundlichem Gruß Ihr — *luego que esté escrita la carta, la doblo, la coloco en el sobre y la cierro pegándola* wenn der Brief geschrieben ist, falte ich ihn, stecke ihn in einen Briefumschlag und klebe ihn zu — *no olvido la dirección y el remitente* ich vergesse die Anschrift und den Absender nicht — *a veces añado: se ruega mandar seguir* manchmal füge ich hinzu: bitte nachsenden! — *pongo el sello y echo la carta en un buzón* ich klebe eine Briefmarke darauf und werfe den Brief in einen Briefkasten.
Queriendo llamar a una persona por teléfono voy al teléfono público wenn ich jdn anrufen will, gehe ich zum öffentlichen Fernsprecher — *busco el número en la guía de teléfonos, echo una ficha, descuelgo el receptor, marco el número deseado* ich suche die Nummer im Telefonbuch, werfe eine Münze ein, nehme den Hörer ab, wähle die gewünschte Nummer — *¡diga! ¿quién está hablando?* hallo, wer ist dort? — *¡no cuelgue!* bleiben Sie am Apparat! — *¡póngame con ...!* verbinden Sie mich mit...! — *estoy mal comunicado* ich bin falsch verbunden.

56. Eisenbahn

Grundwortschatz: agencia de viajes, aguja, billete, clase, coche-cama, coche-comedor, compañero, despacho, distancia, entrada, empleado, equipaje, estación, ferrocarril, frontera, guía, horario, informe, línea, llegada, maleta, multitud, pasajero, salida, señal, sitio, tráfico, tren, vapor, velocidad, viaje, vuelta — bajar, cambiar, entrar, esperar, fumar, interrumpir, informarse, ir, llegar, ocupar, pagar, parar, perder, presentar, reservar, seguir, subir, viajar, visitar, volver — lento, libre, largo, pesado, primero, rápido, último.

los preparativos	die Vorbereitungen
el ferroviario	der Eisenbahner
la estación central	der Hauptbahnhof
la taquilla de informes	der Auskunftschalter
el billete de ida y vuelta	die Rückfahrkarte
el andén/carril, raíl	der Bahnsteig/das Gleis
la validez	die Gültigkeit
la reserva, el billete de reserva	die Platzkarte
el suplemento de velocidad	der Schnellzugzuschlag
el paso bajo nivel	die Unterführung
el tren ordinario/rápido	der Personen-/Schnellzug
el tren de mercancías	der Güterzug
la parada	der Aufenthalt, die Haltestelle
la ventanilla/portezuela	das Fenster/die Tür *(im Zug)*
la locomotora	die Lokomotive
el jefe de tren/revisor	der Zugführer/Schaffner
el furgón/bulto	der Gepäckwagen/das Gepäck
la consigna	die Gepäckaufbewahrung
el departamento, *am* **compartimiento**	das Abteil
el túnel	der Tunnel
la red del ferrocarril	das Eisenbahnnetz

aguardar	warten (auf)
cambiar de tren	umsteigen
enlazar	Anschluß haben

Aktionsreihe: *hacer preparativos de viaje* Reisevorbereitungen treffen — *hacer la maleta* den Koffer packen — *consultar la guía de ferrocarriles* im Kursbuch nachschlagen — *voy a la taquilla (de billetes)* ich gehe zum Fahrkartenschalter — *saco un billete sencillo de primera clase* ich nehme eine Fahrkarte, einfach, 1. Klasse — *entro en la sala de espera y aguardo la llegada del tren* ich gehe in den Wartesaal und warte auf die Ankunft des Zuges — *cinco minutos antes de la llegada regular del tren voy al andén* fünf Minuten vor der fahrplanmäßigen Ankunft des Zuges gehe ich auf den Bahnsteig — *el tren lleva un cuarto de hora de retraso* der Zug hat eine Viertelstunde Verspätung — *el jefe de estación da la señal de partida* der Bahnhofsvorsteher gibt das Zeichen zur Abfahrt — *señores viajeros, ¡al tren!* einsteigen, bitte! — *los viajeros suben a los departamentos* die Reisenden steigen in die Abteile ein — *los asientos están reservados* die Plätze sind reserviert — *pongo mi maleta en la rejilla y me siento* ich lege meinen

Koffer ins Gepäcknetz und nehme meinen Platz ein — *¿me hace el favor de su billete?* Ihre Fahrkarte, bitte! — *¿tengo que cambiar en Munich?* muß ich in München umsteigen? — *el tren enlaza en Munich* der Zug hat in München Anschluß — *¡aquí se prohibe fumar!* Rauchen verboten! — *¡no abra antes de pararse el tren!* nicht öffnen, bevor der Zug hält! — *bajo en Viena* ich steige in Wien aus — *mando a un mozo llevar mis equipajes a la consigna* ich lasse mein Gepäck durch einen Gepäckträger zur Gepäckaufbewahrung bringen.

57. Schiff (cf 36; 56)

Grundwortschatz: agencia, agua, barco, calma, capitán, comedor, costa, equipaje, fondo, isla, lago, mar, marinero, mozo, onda, pasajero, pez, puente, puerto, río, rumbo, tempestad, tiempo, vapor, vela, viento — cargar, cruzar, bajar, flotar, llegar, nadar, salir, subir — grueso, inmenso, mojado, profundo, vasto.

la navegación	die Schiffahrt
la balsa	die Fähre
el timonel	der Steuermann
el camarero de buque	der Steward
el remolcador	der Schlepper
la señal de salida/peligro	das Abfahrts-/Notsignal
la borda	die Reling
el nudo	der Knoten *(Geschwindigkeitsmaß)*
la ola	die Woge, Welle
la marea/marejada	die Ebbe und Flut/der hohe Seegang
el buque de carga/pasajeros	das Fracht-/Passagierschiff
marearse	seekrank werden
entrar en el puerto	in den Hafen einlaufen
desamparado, a	in Seenot

Aktionsreihe: *hacer un viaje por mar* eine Seereise machen — *pedir un pasaje* eine Passage bestellen — *embarcarse para el Brasil* sich nach Brasilien einschiffen — *ir a bordo* an Bord gehen — *levar anclas* die Anker lichten — *suena la sirena* es heult die Sirene — *salir del puerto* aus dem Hafen auslaufen — *ir a la cubierta* auf Deck gehen — *hacer escala en Lisboa* Lissabon anlaufen — *estar mareado* seekrank sein — *en tiempo de marejada* bei hohem Seegang — *el mar está agitado* die See ist unruhig — *el buque corre 20 nudos por hora* das Schiff läuft 20 Knoten in der Stunde — *apoyarse en la borda* sich an der Reling festhalten — *pasar el tiempo conversando* sich die Zeit mit Gesprächen vertreiben — *tomar el sol en la cubierta* sich auf Deck sonnen — *desembarcar* an Land gehen.

58. Flugzeug (cf 36; 56)

Grundwortschatz: aire, ala, aparato, avión, billete, cielo, dirección, equipaje, espacio, estrella, máquina, motor, niebla, nube, pasajero, pasaporte, sitio, suelo, tempestad, tierra, viaje, viento, vista — bajar, caer, cruzar, descender, levantarse, llegar, pagar, salir, subir, volar — alto, bajo, claro, oscuro, encima de, sobre.

el tráfico aéreo	der Luftverkehr
el vuelo transatlántico	der Flug über den Atlantik
la visibilidad	die Sicht
la perturbación atmosférica	die atmosphärische Störung
el aeródromo, aeropuerto	der Flugplatz
la estación de radar	die Radarstation
el mensaje radio, el radiograma	der Funkspruch
la barrera del sonido	die Schallmauer
el helicóptero, autogiro	der Hubschrauber
el vuelo sin visibilidad	der Blindflug
la avería del motor	der Motorschaden
la palanca de mando	der Steuerknüppel
la pista de despegue	die Startpiste
el viento contrario/por atrás	der Gegen-/Rückenwind
el servicio de a bordo	der Bordservice
despegar/aterrizar	starten/landen

Sätze und Redewendungen: *llenar los depósitos* tanken — *prepararse para la subida* sich zum Einsteigen fertigmachen — *partir en avión* abfliegen — *ganar altura* Höhe gewinnen — *avión con destino a Buenos Aires* eine Maschine in Richtung Buenos Aires — *hacer escala en Río* in Rio zwischenlanden — *volar por encima de las nubes* über den Wolken fliegen.

59. Auto, Fahrrad usw. (cf 60)

Grundwortschatz: accidente, automóvil, bicicleta, calle, camión, carretera, causa, cuidado, choque, daño, dirección, garaje, gasolina, kilómetro, máquina, material, motor, peligro, policía, rueda, señal, taller, velocidad, víctima — andar, arrancar, cambiar, conducir, descender, dirigir, doblar, marchar, parar, prohibir, reparar — derecho, despacio, grave, izquierdo, lento, rápido.

el medio de transporte	das Transportmittel
el paseo en auto/coche	die Autofahrt
el vehículo	das Fahrzeug
la circulación	der Verkehr
el surtidor de gasolina	die Tankstelle
las señales del tráfico	die Verkehrszeichen
el semáforo	die Verkehrsampel
la preferencia de paso	die Vorfahrt
el permiso de conductor	der Führerschein
la velocidad máxima	die Höchstgeschwindigkeit
la prohibición de estacionamiento	das Parkverbot
el aparcadero, lugar para estacionamiento	der Parkplatz
el trecho, recorrido	die Strecke
el parabrisas	die Windschutzscheibe
el espejo retrovisor	der Rückspiegel
la rueda trasera/delantera	das Hinter-/Vorderrad
la luz de parada	das Stopplicht
la bocina/el faro	die Hupe/der Scheinwerfer
la cámara de aire/el neumático	der Schlauch/Reifen
el guardabarros	der Kotflügel
el portaequipajes	der Gepäckraum
la matrícula	das Nummernschild
el volante	das Steuerrad
el freno	die Bremse
la válvula	das Ventil
la bujía	die Kerze
el acelerador/embrague	der Gashebel/die Kupplung

lubrificar, engrasar	abschmieren, einfetten
dar/cortar gas	Gas geben/wegnehmen
estacionar, aparcar	parken
inflar	aufpumpen
hacer arrancar	anlassen
poner el contacto	zünden
adelantar	überholen, vorfahren
atropellar	überfahren

chocar	zusammenstoßen
poner gasolina	tanken
dar la luz de cruce	abblenden

Aktionsreihe: *quiero dar un paseo en automóvil* ich will eine Spazierfahrt mit dem Auto machen — *saco el coche del garaje* ich hole den Wagen aus der Garage — *voy al volante* ich setze mich ans Steuer — *pongo en marcha el motor* ich lasse den Motor an — *doy marcha atrás* ich schalte den Rückwärtsgang ein — *meto la segunda (marcha)* ich schalte den zweiten Gang ein — *doy gas* ich gebe Gas — *ando despacio* ich fahre langsam — *corto el gas* ich nehme das Gas weg — *freno bruscamente* ich bremse plötzlich — *tengo una avería* ich habe einen Schaden — *la rueda trasera está pinchada* das Hinterrad hat platt — *voy despacio hasta un taller próximo* ich fahre langsam bis zur nächsten Werkstatt — *este arreglo me exigirá unas dos horas* diese Reparatur wird etwa zwei Stunden in Anspruch nehmen — *cuando necesito gasolina paro en un puesto de servicio para llenar el tanque* wenn ich Benzin brauche, halte ich an einer Tankstelle, um zu tanken — *allí mucha gente está observando dos coches que chocaron* dort stehen viele Leute und beobachten zwei Wagen, die zusammengestoßen sind — *sólo hay daños materiales* es hat nur Sachschaden gegeben — *la policía está regulando el tráfico* die Polizei regelt den Verkehr — *hay que observar las señales del tráfico* man muß die Verkehrszeichen beachten — *cuando hay luz roja en el semáforo debo parar* bei rotem Licht muß ich anhalten — *con luz verde puedo pasar* bei grünem Licht kann ich fahren — *se prohibe el paso* Durchfahrt verboten — *dirección única* Einbahnstraße.

60. Stadtverkehr und Sehenswürdigkeiten (cf 59)

Grundwortschatz: almacén, arroyo, avenida, ayuntamiento, banco, barrio, calle, capital, casa, centro, cine, ciudad, correos, cruce, curiosidad, dirección, edificio, estación, hospital, hotel, iglesia, lugar, mapa, mercado, monumento, movimiento, multitud, muro, museo, oficina, palacio, parque, plaza, población, pueblo, puente, restaurante, ruido, situación, teatro, tienda, torre, tráfico, turista, vista, universidad — admirar, atraer, construir, correr, cruzar, habitar, iluminar, indicar, mirar, pasearse, visitar — antiguo, limpio, lleno, nuevo, particular, público, sucio, único.

el rascacielos	der Wolkenkratzer
la Avenida/Gran Vía	die Allee/Hauptstraße
la Plaza Mayor	der große Platz (im Zentrum)
la calleja/el callejón	die Gasse/das Gäßchen

la calle lateral/travesía	die Seiten-/Querstraße
el edificio público	das öffentliche Gebäude
la acera, *am* **vereda**	der Bürgersteig, Gehweg
la calzada	die Fahrbahn
el peatón	der Fußgänger
el farol	die Straßenlaterne
el rodeo	der Umweg
el quiosco de periódicos	der Zeitungsstand
el suburbio, arrabal	die Vorstadt
los alrededores, las cercanías	die Umgebung
la carretera general	die Hauptverkehrsstraße
las horas de punta	die Hauptverkehrszeit
el acceso	der Zugang; das Betreten
la placa, el letrero	das Schild
el jardín botánico/zoológico	der botanische Garten/Tiergarten
la galería de arte	die Kunstgalerie
el recinto de la feria	das Messegelände
el vistazo	der (flüchtige) Blick
callejear, vagar	bummeln, herumlaufen
andar por el suelo	herumliegen *(Sachen)*
andar suelto	herumlaufen *(Tiere)*
empedrado, a/asfaltado, a	gepflastert/geteert
poblado, a/populoso, a	bevölkert/volkreich
animado, a/concurrido, a	belebt/überlaufen
estupendo, a	fabelhaft, erstaunlich
vistoso, a	prächtig

Sätze und Redewendungen: *en la calle* auf der Straße — *en casa* zu Hause — *ir a casa/a la escuela* nach Hause/in die Schule gehen — *salir para Madrid* nach Madrid reisen — *preguntar el camino* nach dem Weg fragen — *errar el camino* auf dem falschen Weg sein — *tomar la derecha* nach rechts abbiegen — *¿por dónde se va a la Plaza Mayor?* wie kommt man auf die Plaza Mayor? — *está cerca de aquí* sie ist in der Nähe — *¿hay por aquí cerca una farmacia?* gibt es hier in der Nähe eine Apotheke? — *¿dónde tengo que bajar?* wo muß ich aussteigen? — *¿es éste el camino para ...?* ist das der (richtige) Weg nach...? — *cruzar la calle* über die Straße gehen — *¡continúe todo derecho!* gehen Sie geradeaus weiter! — *¡prohibido fijar carteles!* Ankleben verboten! — *se prohibe andar sobre la hierba* Betreten des Rasens verboten.

XI. Sport, Spiel, Unterhaltung

61. Sport- und Spielarten allgemein

Grundwortschatz: afición, campo, compañero, deporte, distancia, ejercicio, éxito, fuerza, grupo, juego, lucha, movimiento, peligro, pelota, peso, premio, resultado, salud, velocidad — admirar, atacar, batir, caer, correr, decidir, defender, echar, esforzarse, ganar, jugar, lanzar, lograr, mover, obtener, probar, saltar, tirar, vencer — firme, fuerte, igual, inferior, superior.

a) Sport

el deportista	der Sportler
el campo deportivo	der Sportplatz
el profesor de educación física	der Sportlehrer
el entrenamiento	das Training
el récord	der Rekord
el campeonato	die Meisterschaft
el límite	die Grenze, Schranke
la gimnasia	die Gymnastik, das Turnen
la carrera	der Lauf, das Rennen
el salto de longitud/altura	der Weit-/Hochsprung
el lanzamiento	der Wurf
la esgrima	das Fechten
la equitación	der Reitsport
la natación	der Schwimmsport
la pesca	der Fischfang
el deporte de balandros	das Segeln *(auf dem Wasser)*
el vuelo sin motor	der Segelflug
el deporte de invierno	der Wintersport
la barra fija	das Reck
la barras paralelas	der Barren
el trampolín	das Sprungbrett
la piscina	das Schwimmbad
la flecha	der Pfeil
la caña de pescar	die Angelrute
la escopeta	die Jagdbüchse
la raqueta	der Tennisschläger
el planeador	das Segelflugzeug
el látigo	die (Reit-)Peitsche
el corredor	der Rennfahrer
el montañero	der Bergsteiger
la trampa	die Falle

el rastro, la huella	die Spur, Fährte
el florete/el sable	das Florett/der Säbel
el jinete	der Reiter

b) Spiel und Unterhaltung

el entretenimiento	die Unterhaltung
la distracción	die Zerstreuung
el chasco	der Streich, die Posse
el juego de azar/ingenio	das Glücks-/Geschicklichkeitsspiel
el ajedrez/los bolos	das Schach-/Kegelspiel
el crucigrama	das Kreuzworträtsel
el juego de naipes	das Kartenspiel
el acertijo	das Rätsel (zum Raten)
el dado	der Würfel
el juego infantil	das Kinderspiel
invencible	unbesiegbar
deslumbrador	glänzend
juguetón	verspielt
aclamado, a	gefeiert
valeroso, a	tapfer

Sätze und Redewendungen: *practicar deportes* Sport treiben — *salvar el foso* über den Graben springen — *remar a compás* im Takt rudern — *ir de caza* auf die Jagd gehen — *echar la red* das Netz auswerfen — *jugar al tenis* Tennis spielen — *tirarse de cabeza* einen Kopfsprung machen — *llegar a la meta* ans Ziel gelangen — *luchar por el campeonato* um die Meisterschaft kämpfen — *formar un equipo* eine Mannschaft aufstellen — *vencer al adversario* den Gegner besiegen — *batir el récord mundial* den Weltrekord brechen — *sacar la pelota* den Ball aufschlagen — *llevar una ventaja a up* vor jdm einen Vorsprung haben — *un torneo de tenis se va a celebrar* ein Tennisturnier wird ausgetragen.

62. Fußball, Stierkampf

Grundwortschatz: cf 61.

el estadio de fútbol	das Fußballstadion
el partido de fútbol	das Fußballspiel
el guardameta, portero	der Tormann, -hüter
el gol	das Tor *(Schuß)*
el árbitro	der Schiedsrichter
la acometida	der Angriff

el primer tiempo die erste Halbzeit
el empate der unentschiedene Ausgang
el saque der Schuß, Stoß
el delantero centro der Mittelstürmer
el defensa der Verteidiger
el zaguero der Hintermann
la plaza de toros die Stierkampfarena
la lidia, corrida de toros der Stierkampf
el torero, matador der Stierkämpfer
el ruedo, redondel die Arena
la entrada de sol/sombra der Sonnen-/Schattenplatz
la suerte/el tercio de la lidia der Gang/die Phase
el picador der Lanzenreiter
la banderilla/el estoque die geschmückte Stechlanze/der Stoßdegen
la muleta/capa das kleine/große Reiztuch
la cogida die Verletzung durch die Hörner
el quite die Ablenkung des Stiers
la estocada der Stoß mit dem Degen
el arrastre das Abschleppen des Stiers

Aktionsreihe: *a las cinco de la tarde las cuadrillas entran en el ruedo* um fünf Uhr nachmittags ziehen die Toreromannschaften in die Arena ein — *acabada esta ceremonia, comienza la lidia* nach dieser Zeremonie beginnt der Kampf — *el toro sale del toril* der Stier kommt aus dem Zwinger — *lcs lidiadores se colocan en sus puestos* die Stierkämpfer gehen auf ihre Posten — *comienza la suerte de varas* es beginnt der Gang der Lanzenreiter — *los picadores a caballo atacan al toro* die Lanzenreiter greifen den Stier an — *cuando éstos dan en tierra, los banderilleros ejecutan la suerte del quite* wenn diese zu Boden stürzen, lenken die Banderilleros den Stier ab — *el matador hace la suerte de capa* der Torero macht den Gang mit dem großen Reiztuch — *los banderilleros ponen tres pares de banderillas* die Banderilleros setzen dem Stier drei Paar Banderillas in den Nacken — *durante el último tercio el torero lleva estoque y muleta* während des letzten Drittels hat der Torero Stoßdegen und Muleta zur Hand — *brinda la suerte del toro girando con gracia sobre sus tacones y lanza la montera al público* er widmet den Stier (dem Präsid.), dreht sich dabei graziös auf seinen Absätzen und wirft seine Mütze ins Publikum — *cita al toro hasta poniéndose de rodillas delante del bicho* er reizt den Stier und kniet sich sogar vor ihn hin — *llegado el momento oportuno, el torero le clava el estoque entre el cuello y el lomo* wenn der richtige Moment gekommen ist, stößt der Torero ihm den Degen zwischen Hals und Nacken — *muerto el toro, se hace el arrastre* der tote Stier wird abgeschleppt.

XII. Wissenschaft und Schule

63. Geistige und wissenschaftliche Tätigkeit (cf 30)

Grundwortschatz: ciencia, civilización, comparación, conocimiento, consejo, educación, efecto, empleo, error, esfuerzo, espíritu, estudio, examen, éxito, experiencia, explicación, expresión, idea, imagen, intención, interés, memoria, mente, método, opinión, pensamiento, plano, progreso, prueba, razón, sentido, universidad, verdad — alcanzar, aplicar, aprender, buscar, considerar, convencer, creer, descubrir, ignorar, inventar, juzgar, observar, realizar, reconocer, reflexionar, saber, suponer — capaz, cierto, evidente, exacto, importante, inteligente, maduro, necesario, posible, preciso, profundo.

la cultura general	die Allgemeinbildung
la formación intelectual	die geistige (Aus-)Bildung
la investigación	die Forschung
la erudición	die wissenschaftliche Bildung
la sagacidad	der Scharfsinn
la pericia	die Sachkenntnis
la noción	der Begriff
la concepción	die Auffassung
el sabio/docto	der Weise/Gelehrte
la meditación/contemplación	das Nachdenken/die Betrachtung
la controversia	die Streitfrage
el procedimiento	das Verfahren
la minuciosidad	die Genauigkeit; Kleinlichkeit
el término técnico	der Fachausdruck
abarcar	umfassen *fig*
discurrir	nachdenken; referieren
creador	schöpferisch
cuerdo, a, sensato, a	vernünftig, besonnen
experto, a/el experto	erfahren/der Fachmann

Sätze und Redewendungen: *estar en su sano juicio* bei vollem Verstand sein — *a juicio de peritos* nach Meinung der Fachleute — *a diestro y siniestro* aufs Geratewohl — *eso no me entra* das geht mir nicht ein — *después de pensarlo bien* nach reiflicher Überlegung — *sin saberlo yo* ohne mein Wissen — *no hay que dudar* daran ist nicht zu zweifeln — *en busca de la verdad* auf der Suche nach der Wahrheit — *hacer investigaciones de mucha profundidad* gründliche Forschungen treiben — *eso me da que pensar* das gibt mir zu denken.

64. Geistes- und Naturwissenschaften

Grundwortschatz: alma, asunto, causa, ciencia, conciencia, condición, consecuencia, energía, espacio, espíritu, fin, idea, imagen, ley, libertad, materia, método, mundo, naturaleza, objeto, opinión, orden, origen, pensamiento, propósito, realidad, regla, resultado, sentido, tiempo, verdad, voluntad — aparecer, aplicar, aprobar, comprender, considerar, creer, descubrir, dudar, existir, observar, pensar, reflexionar, tratar — difícil, eterno, exterior, independiente, interior, íntimo, profundo, secreto, superior, verdadero.

la filosofía/psicología	die Philosophie/Psychologie
la visión del mundo	die Weltanschauung
la doctrina/teoría	die Lehre/Theorie
el sistema	das System
el ser/la esencia	das Sein/Wesen
el fenómeno	die Erscheinung
la finalidad	der Zweck, die Bestimmung
la solución	die Lösung
la relación entre causa y efecto	die Kausalität
las ciencias naturales	die Naturwissenschaften
la física/química/biología	die Physik/Chemie/Biologie
el laboratorio	das Laboratorium
el experimento	das Experiment
la fisión nuclear	die Kern-, Atomspaltung
el ácido	die Säure
la fórmula química	die chemische Formel
la sustancia	die Substanz, der Stoff
las matemáticas	die Mathematik
el problema algebraico	die Algebraaufgabe
la ecuación	die Gleichung
la geometría	die Geometrie
el rectángulo/cuadrado	das Rechteck/Quadrat
el triángulo	das Dreieck
el diámetro	der Durchmesser
subjetivo, a/objetivo, a	subjektiv/objektiv
lógico, a/estético, a	logisch/ästhetisch
insondable	unergründlich
concreto, a/abstracto, a	konkret/abstrakt
científico, a	wissenschaftlich

Sätze und Redewendungen: *asistir a una clase de filosofía* einer philosophischen Vorlesung beiwohnen — *preparar un experimento* einen Versuch aufbauen — *producir la prueba* den Beweis liefern — *deducir una fórmula* eine Formel aufstellen — *la excepción confirma la regla* die Ausnahme bestätigt die Regel.

65. Geschichte (cf Kap. VIII; 63)

Grundwortschatz: acontecimiento, armas, batalla, causa, consecuencia, corona, culpa, defensa, Edad Media, ejército, enemigo, época, espada, estado, extranjero, fama, fecha, frontera, gloria, gobierno, guerra, hecho, historia, influencia, libertad, memoria, mérito, miseria, museo, origen, patria, paz, poder, política, posesión, príncipe, pueblo, reforma, rey, siglo, situación, soldado, tiempo, tradición, victoria — atacar, caer, desarrollar, destruir, herir, morir, olvidar, resistir, sufrir, vencer — antiguo, cruel, famoso, grande, moderno, pasado, presente, real, seguro, triste.

los tiempos primitivos/ modernos	die Urzeit/Neuzeit
la época contemporánea	die Gegenwart
la antigüedad	die Antike, das Altertum
el apogeo/la decadencia	der Höhepunkt/Verfall
el hidalgo	der (spanische) Edelmann
el castillo feudal	die (mittelalterliche) Burg
la muralla/el foso	die Mauer/der Graben
la atalaya	der Wachtturm
la cota de mallas	das Panzerhemd
la lanza/el escudo	die Lanze/der Schild
el conde/duque	der Graf/Herzog
emperador y emperatriz	Kaiser und Kaiserin
la princesa/reina	die Prinzessin/Königin
la insurrección/sublevación	der Aufstand/die Erhebung
la persecución	die Verfolgung
el evento am	das Ereignis
la transición	der Übergang *(Wechsel)*

legendario, a	legendär
fabuloso, a	märchenhaft
salvaje/bárbaro, a	wild, unzivilisiert/barbarisch

Wichtige Bezeichnungen zur spanischen Geschichte: *la invasión romana/germánica/árabe* die Invasion der Römer/Germanen/Araber — *el reino visigodo* die Westgotenherrschaft — *el Califato* das Zeitalter der Kalifen — *la Reconquista* die Zurückeroberung des

Landes aus maurischen Händen — *la rendición de Granada* die Übergabe Granadas — *los Reyes Católicos* die Katholischen Könige (Ferdinand und Isabella) — *el descubrimiento de América por Colón* die Entdeckung Amerikas durch Kolumbus — *la conquista del Nuevo Mundo* die Eroberung der Neuen Welt — *el Siglo de Oro* das 16. Jahrhundert — *la Contrarreforma* die Gegenreformation — *Carlos Quinto* Karl V. — *Felipe Segundo* Philipp II. — *el hundimiento de la Armada* der Untergang der Armada — *la Independencia de América* die Unabhängigkeit Amerikas — *la Guerra Civil* der Bürgerkrieg — *la Falange* die Falange.

Typenreihe: *ibero, ibérico* iberisch, spanisch — *cartaginés* karthagisch — *griego* griechisch — *romano* römisch — *visigodo* westgotisch — *árabe, arábigo* arabisch — *moro* maurisch — *mozárabe* mozarabisch, christlich-maurisch — *hispánico* (hi)spanisch.

66. Literatur (cf 23; 63)

Grundwortschatz: artículo, asunto, autor, cuento, detalle, diario, diccionario, escritor, escritura, estilo, expresión, fantasía, fondo, forma, género, hoja, informe, interés, lectura, lengua, letra, libro, literatura, materia, noticia, novela, obra, página, papel, parte, pasaje, periódico, poesía, prensa, revista, sentido, teatro, título, valor, verdad, verso — apreciar, comunicar, contar, escribir, expresar, imitar, imprimir, informar, leer, publicar, significar, traducir, tratar — diario, interesante, precioso, profundo, superficial.

el editor	der Verleger
la casa editora, editorial	der Verlag
la edición	die Auflage
la librería/biblioteca	die Buchhandlung/Bibliothek
el prefacio/índice	das Vorwort/Inhaltsverzeichnis
los libros de ocasión	die antiquarischen Bücher
el libro de bolsillo	das Taschenbuch
los géneros literarios	die literarischen Gattungen
la prosa/el poema	die Prosa/das Gedicht
la rima/estrofa	der Reim/die Strophe
la epopeya	das Epos
la narración	die Erzählung
el ensayo	der Essay
forma y fondo	Form und Gehalt
la elocuencia	die Beredsamkeit
la novela policíaca	der Kriminalroman
el capítulo	das Kapitel

el manuscrito	das Manuskript
la interpretación	die Deutung, Auslegung
el contenido	der Inhalt
la descripción	die Beschreibung
el resumen	die Zusammenfassung
el folleto	die Broschüre
el literato	der Literat
la reseña	die Kritik *(Buch)*
la bibliografía	die Bibliographie
el catálogo	der Katalog
la abreviatura	die Abkürzung
el tomo, volumen	der Band
el periodista	der Journalist
el anuncio	das Inserat
hacer resaltar	hervorheben
elaborar	ausarbeiten
analizar	untersuchen
emocionante	spannend
estremecedor	schaurig
cursi/banal	kitschig/abgedroschen
ilegible	unleserlich

Sätze und Redewendungen: *ser culto/leído* gebildet/belesen sein — *en cuanto al fondo/a la forma* was den Inhalt/die Form betrifft — *palabra por palabra* Wort für Wort — *dar a la imprenta* in Druck geben — *en prensa* im Druck — *acaba de salir a luz* soeben erschienen — *esta edición va a ser agotada* diese Auflage wird gleich vergriffen sein — *se continuará* Fortsetzung folgt — *se prohibe la reproducción* Nachdruck verboten — *trozos escogidos* Auswahl — *tomar el modelo de los clásicos* die Klassiker zum Vorbild nehmen — *un libro prometedor* ein vielversprechendes Buch — *una novela de a peseta* ein Groschenroman — *un exitazo* ein Reißer.

Wichtige Bezeichnungen zur spanischen Literatur: *el cantar de gesta* das Heldenlied (Cid) — *el romancero* die Romanzensammlung — *la novela picaresca* der Schelmenroman — *el auto sacramental* religiös-allegorisches Theaterstück (Calderón) — *los libros de caballería* die Ritterromane (Don Quijote als Satire) — *el culteranismo* der schwülstige Stil (als Kunst bei Góngora) — *la comedia de capa y espada* das Degen- und Mantelstück (Lope de Vega) — *el gracioso* der Narr (in der spanischen Komödie) — *el sainete* der (typisch spanische) Schwank — *la zarzuela* das (spanische) Singspiel — *el costumbrismo* die Sitten-, Milieuschilderung.

67. Grammatik (cf 23; 68)

Grundwortschatz: caso, falta, forma, futuro, género, lengua, nombre, oración, palabra, pasado, perfecto, posesión, posición, presente, punto, regla, sentido, signo, tiempo — añadir, aplicar, componer, construir, determinar, emplear, exclamar, explicar, indicar, poner, reemplazar, referirse, separar, significar, terminar — diferente, directo, personal, regular, simple.

la gramática	die Sprachlehre
el vocabulario	der Wortschatz
la ortografía	die Rechtschreibung
la consonante/vocal	der Mitlaut/Selbstlaut
la sílaba	die Silbe
el acento	der Akzent
el radical/la desinencia	die Wurzel/Endung
el prefijo/sufijo	die Vorsilbe/Nachsilbe
el sustantivo/adjetivo	das Hauptwort/Eigenschaftswort
el acusativo (personal)	der (persönliche) Akkusativ
el verbo/adverbio	das Zeitwort/Umstandswort
el pronombre	das Fürwort
la preposición	das Verhältniswort
el singular/plural	die Einzahl/Mehrzahl
el infinitivo/participio	der Infinitiv/das Partizip
el sujeto/predicado	der Satzgegenstand/die Satzaussage
el atributo/complemento	die Beifügung/Ergänzung
la proposición	der Satz
la coma/el paréntesis	der Beistrich/die Klammer
el signo de admiración	das Ausrufezeichen
el signo de interrogación	das Fragezeichen
concordar (con)	übereinstimmen (mit)
anteponer/posponer	vorstellen/nachstellen
lingüístico, a	sprachlich, linguistisch
filológico, a	philologisch
fonético, a/sintáctico, a	phonetisch/syntaktisch
transitivo, a/reflexivo, a	transitiv/reflexiv
relativo, a	relativ
activo, a/pasivo, a	aktiv/passiv
masculino, a/femenino, a	männlich/weiblich
poco usado, a/usual	ungebräuchlich/gebräuchlich

Sätze und Redewendungen: *no seguir las reglas gramaticales* die grammatischen Regeln nicht beachten — *¡substituya esta palabra por* *otra!* ersetzen Sie dieses Wort durch ein anderes! — *¡suprima!* lassen Sie weg! — *¡añada!* fügen Sie hinzu! — *¡ponga en el plural!* setzen Sie in den Plural! — *¡aplique la regla!* wenden Sie die Regel an! — *¡aprenda de memoria!* lernen Sie auswendig! — *¡distinga la s sorda de la s sonora!* unterscheiden Sie das stimmlose S vom stimmhaften S! — *¡pronuncie más claramente!* sprechen Sie deutlicher aus! — *¿a qué se refiere esta palabra?* worauf bezieht sich dieses Wort? — *esta composición está llena de faltas gramaticales* dieser Aufsatz ist voller grammatischer Fehler — *las palabras acabadas en ...* die Wörter, die auf ... enden.

68. Erziehung, Schule, Unterricht
(cf 1; 23; 63—67; 69—71)

Grundwortschatz: alumno, atención, banco, ciencia, clase, compañero, cuaderno, dirección, educacion, escuela, esfuerzo, falta, grado, lápiz, lección, lengua, letra, libro, maestro, memoria, modo, muchacho, nota, niño, orden, página, papel, patio, pluma, pregunta, premio, regla, sala, sentido, tarea, universidad, vacaciones— alabar, aprender, calcular, castigar, contar, contestar, conocer, ejercer, enseñar, escribir, estudiar, examinar, explicar, faltar, interesar, lograr, mostrar, olvidar, preparar, prohibir, repetir, saber, significar — fácil, inferior, inteligente, ligero, perezoso, regular, superficial, tonto.

la escuela primaria	die Grund- und Hauptschule
la escuela secundaria	die höhere Schule
el colegio/instituto	das Gymnasium (privat/staatl.)
el internado	das Internat, Schülerheim
el jardín de infancia	der Kindergarten
la escuela técnica/profesional	das Technikum/die Berufsschule
la enseñanza superior	das Hochschulwesen
la instrucción obligatoria	die Schulpflicht
la instrucción de adultos	die Erwachsenenbildung
el aula f	der Lehr-, Hörsaal
el pupitre/encerado	das Pult/die Schultafel
la pluma estilográfica	der Füllfederhalter
la goma de borrar	der Radiergummi
el manual	das Lehrbuch
el recreo	die (Schul-)Pause
la traducción	die Übersetzung
el tema/la versión	die Übersetzung in die/aus der Fremdsprache

el castigo	die Strafe
la vigilancia	die Aufsicht
el catedrático	der (Universitäts-)Professor
el profesor de segunda enseñanza	der Studienrat
la beca	das Stipendium
el programa	der Lehrplan; das Vorlesungsverzeichnis
el bachillerato	das Abitur
la licenciatura	das wissenschaftliche Staatsexamen
el diploma	das Diplom, Zeugnis
la vida estudiantil	das Studentenleben
el semestre (de verano/de invierno)	das (Sommer-/Winter-)Semester
subrayar	unterstreichen
parlotear	schwätzen
reprender	tadeln
aplicado, a	fleißig
satisfactorio, a/mediano, a	genügend/mittel(mäßig)
formal	artig; solid

Aktionsreihe: *salir al encerado* an die Tafel gehen — *coger la tiza* die Kreide in die Hand nehmen — *escribir una frase* einen Satz (an)schreiben — *volver a su sitio* an den Platz zurückkehren — *sufrir un examen* eine Prüfung machen — *salir bien/fracasar* bestehen/nicht bestehen — *lograr una buena nota* eine gute Note bekommen — *pasar a la clase superior* in die nächste Klasse vorrücken — *ser un empollón* ein Streber sein — *hacer novillos* die Schule schwänzen — *escribir al dictado* ein Diktat schreiben — *entregar las tareas* die Aufgaben abgeben — *devolver los cuadernos* die Hefte zurückgeben — *abrir el libro de lecturas* das Lesebuch aufschlagen — *tener buena letra* eine schöne Schrift haben — *no tener clase* keine Schule haben — *irse de vacaciones* in Ferien gehen.

XIII. Künstlerisches Schaffen

69. Allgemeines

Grundwortschatz: arte, artista, época, estilo, éxito, expresión, fama, fantasía, fondo, forma, género, gusto, idea, impulso, influencia, material, moda, modelo, museo, naturaleza, obra, opinión, realidad, regla, sentido, taller, tamaño — admirar, coleccionar, criticar, expresar, gustar, imitar, observar, representar — antiguo, capaz, extraordinario, famoso, feo, hermoso, inferior, magnífico, moderno, ordinario.

la obra de arte/ obra maestra	das Kunst-/Meisterwerk
el arte figurativo/abstracto	die figürliche/abstrakte Kunst
el crítico de arte	der Kunstkritiker
la exposición (conmemorativa)	die (Gedenk-)Ausstellung
el conocedor, perito	der Kenner, Sachverständige
el aficionado al arte	der Kunstliebhaber
la colección	die Sammlung
el chapucero	der Stümper, Pfuscher
el fanfarrón	der Aufschneider
la reputación	der Ruf, Ruhm
la fase	die Stufe *(der Entwicklung)*
el elogio	das Lob
el auge	der Aufschwung
el original	das Original
embellecer/refinar	verschönern/verfeinern
afamado, a/renombrado, a	ausgezeichnet/berühmt
original	originell
convencional/de vanguardia	konventionell/avantgardistisch

Sätze und Redewendungen: cf 70—72.

70. Malerei, Bildhauerei, Baukunst (cf 68)

Grundwortschatz: arco, arte, aspecto, base, casa, color, cuadro, cuerpo, edificio, época, estilo, fantasía, figura, forma, grado, gusto, imagen, lápiz, línea, luz, madera, monumento, museo, obra, oro, paisaje, piedra, pintura, plata, sombra, taller, tela, tipo, torre — coleccionar, construir, dibujar, disponer, exponer, imitar, pintar, transformar — alto, amarillo, antiguo, azul, bajo, bello, blanco, claro, distinto, extraño, famoso, feo, fino, gris, hermoso, ligero, moderno, negro, oscuro, pesado, redondo, regular, rojo, semejante, verde.

las artes plásticas	die bildenden Künste
las artes gráficas	die Buchdruckerkunst

el dibujo publicitario	die Gebrauchsgraphik
la manufactura de porcelana	die Porzellanmanufaktur
la escultura	die Bildhauerei, Plastik
la Academia de Bellas Artes	die Kunstakademie
el retrato/grabado	das Porträt/der Stich
la estampa/lámina	der (Farben-)Druck/die Abbildung
el cuadro al óleo	das Ölgemälde
la nave/bóveda	das (Kirchen-)Schiff/Gewölbe
la vidriera	das Glasfenster
el claustro	der Kreuzgang
el contorno/molde	der Umriß/die Form
el matiz	der Farbton, die Nuance
la planta/perspectiva	der Grundriß/die Perspektive
la caja de pinturas	der Farbkasten
el desnudo	der Akt *(Modell)*

labrar/manejar	bearbeiten/handhaben
deformado, a	entstellt
anticuado, a	veraltet
insólito, a	ungewöhnlich
costoso, a	kostspielig
clásico, a	klassisch

Sätze und Redewendungen: *romper con la tradición* mit der Tradition brechen — *dar impulsos* Anregungen geben — *tener eco en la prensa* in der Presse ein Echo finden — *dibujar del natural* nach der Natur malen — *colgar un cuadro* ein Bild aufhängen — *mandar hacer un retrato* sich porträtieren lassen.

Unterscheide: *el pintor/pinturero* der Maler/Geck — *pintar/pintarse* malen/sich schminken — *una pincelada* ein Pinselstrich.

71. Musik, Gesang, Tanz (cf 23; 68)

Grundwortschatz: baile, canción, concierto, disco, éxito, instrumento, maestro, música, pieza, programa, público, tono, voz — acompañar, cantar, componer, dirigir, ejecutar, entender, escuchar, gustar, representar, tocar — agradable, alegre, bajo, dulce, falso, moderno, popular, tierno, triste.

el músico/compositor	der Musiker/Komponist
el director de orquesta	der Dirigent

el cantor/la cantante	der Sänger/die Sängerin
el coro	der Chor
la banda/orquesta	die Kapelle/das Orchester
la pieza de música	das Musikstück
el instrumento de viento/cuerda	das Blas-/Saiteninstrument
la velada musical	der Musikabend
el concierto sinfónico	das Symphoniekonzert
la música de cámara	die Kammermusik
el jazz	der Jazz
el piano de cola	der Flügel
la guitarra	die Gitarre
la armonía	die Harmonie
el compás	der Takt
entonar	anstimmen
interpretar	vortragen, interpretieren
en mayor/menor	in Dur/Moll

Sätze und Redewendungen: *tener buen oído* ein gutes Gehör haben — *a varias voces* mehrstimmig — *tocar el piano* Klavier spielen — *marcar/guardar/llevar el compás* den Takt schlagen/halten/angeben — *al compás de un instrumento* mit Instrumentalbegleitung — *cantar a coro* im Chor singen — *cultivar la música* musizieren — *siempre la misma cantilena* immer das alte Lied — *eso es otro cantar* das ist etwas ganz anderes.

72. Theater, Kino, Photographie (cf 66)

Grundwortschatz: acto, aparato, asunto, cine, cortina, diálogo, efecto, entrada, entusiasmo, escena, expresión, fila, imagen, impresión, luz, máquina, papel, película, pieza, producción, programa, público, sala, sitio, sombra, teatro — asistir, caer, copiar, desarrollar, escuchar, exponer, realizar, representar, reservar, revelar, sacar, salir — alegre, brillante, interesante, triste.

el escenario	die Bühne
los bastidores	die Kulissen
el telón	der Vorhang *(im Theater)*
el palco/la platea	die Loge/der Sperrsitz
el estreno	die Uraufführung
el trama/desenlace	die Verwicklung/Lösung, der Ausgang

el reparto de los papeles	die Rollenverteilung
el repertorio	der Spielplan
el actor/la actriz	der Schauspieler/die Schauspielerin
la salida de emergencia	der Notausgang
el drama/la tragedia	das Drama/die Tragödie
la representación/sesión	die Theater-/Kinovorstellung
la cinta	der Filmstreifen, das Band
la pantalla	die Leinwand
la película de dibujos	der Trickfilm
el noticiario (de la semana), el no-do	die Wochenschau
el documental	der Kulturfilm
el director artístico	der Regisseur
la cámara tomavistas, el aparato para filmar	die Filmkamera
la máquina fotográfica	der Photoapparat
el diafragma	die Blende
el tiempo de exposición	die Belichtungszeit
el flash electrónico	das Blitzlicht
la foto/instantánea	die Aufnahme/Momentaufnahme
la copia de prueba	der Probeabzug
rodar	drehen *(Film)*
sacar fotos	photographieren
(mal) enfocar	(schlecht) einstellen
ampliar	vergrößern
amortiguado, a	gedämpft *(Licht)*
deslumbrante	grell *(Licht)*

Aktionsreihe: *¿qué ponen hoy en el cine?* was gibt's heute im Kino? — *echan una película policíaca* es wird ein Kriminalfilm gespielt — *¿merece verla?* sollte man ihn ansehen? — *representan famosas estrellas de la pantalla* es spielen berühmte Filmstars mit — *¿cuál es el argumento?* worum geht es? — *han puesto en escena una novela conocida* man hat einen bekannten Roman verfilmt — *aquí la gente hace cola delante de la taquilla* sieh mal, wie die Leute an der Kasse Schlange stehen — *la sala está completa* das Haus ist ausverkauft — — *¿quién ha rodado este film?* wer hat diesen Film gedreht? — *primero muestran el no-do y una película publicitaria* zuerst zeigt man die Wochenschau und einen Werbefilm — *el film obtuvo un gran premio en el último festival cinematográfico* der Film hat bei den letzten Filmfestspielen einen großen Preis bekommen.

73. Rundfunk, Fernsehen, Tongeräte

Grundwortschatz: aparato, atención, botón, disco, discurso, emisión, imagen, lámpara, noticia, onda, programa, radio, ruido, señal, televisión, voz — anunciar, arreglar, cantar, divertir, entender, escuchar, hablar, interrumpir, mirar, oír, recibir, reparar, ver — alto, bajo, claro, corto, medio, largo.

el radioyente	der Radiohörer
la estación emisora	der Sender
la transmisión	die Übertragung *(Radio)*
la longitud de ondas	die Wellenlänge
el diario hablado	die Nachrichten
la pieza radiofónica	das Hörspiel
la recepción	der Empfang
las interferencias	die Störungen
el tocadiscos	der Plattenspieler
el microsurco	die Langspielplatte
la cinta magnetofónica	das Tonband
el magnetofón	das Tonbandgerät
sintonizar	einstellen
técnico, a	technisch

Sätze und Redewendungen: *dar vuelta al botón* den Knopf (herum)drehen — *captar la onda* die Wellenlänge einstellen — *graduar la intensidad del sonido* die (richtige) Tonstärke einstellen — *una recepción sin interferencias* ein störungsfreier Empfang — *conectamos con Barcelona* wir schalten um auf Barcelona — *una transmisión desde Madrid* eine Übertragung aus Madrid — *el cierre de la estación emisora* Sendeschluß.

Spanisches Register zum Aufbauwortschatz

Die Ziffern hinter den Wörtern geben die Seiten an. Die Ziffern in Klammern zeigen an, wie oft das betreffende Wort auf einer Seite vorkommt.
Zur Beachtung: Im spanischen Alphabet folgt *ch* auf *c*, *ll* auf *l*, *ñ* auf *n*.

A

B

C

CH

D

E

H

J

L

LL

M

N

O

Q

R

S

T

Deutsches Register zum Aufbauwortschatz

B

C

D

F

G

I

J

K

N

O

P

Q

R

S

T

U

W

Z